辽宁大学亚洲研究中心专著资助计

数字环境下科技文献信息
开发利用与服务模式研究

赵丹阳　著

辽宁大学出版社

图书在版编目（CIP）数据

数字环境下科技文献信息开发利用与服务模式研究/
赵丹阳著. 一沈阳：辽宁大学出版社，2015.12
ISBN 978-7-5610-8221-8

Ⅰ.①数… Ⅱ.①赵… Ⅲ.①科技情报－情报检索
Ⅳ.①G252.7

中国版本图书馆 CIP 数据核字（2016）第 001535 号

出 版 者：辽宁大学出版社有限责任公司
　　　　　（地址：沈阳市皇姑区崇山中路 66 号　　邮政编码：110036）
印 刷 者：鞍山新民进电脑印刷有限公司
发 行 者：辽宁大学出版社有限责任公司
幅面尺寸：148mm×210mm
印　　张：8.5
字　　数：260 千字
出版时间：2015 年 12 月第 1 版
印刷时间：2016 年 10 月第 1 次印刷
责任编辑：武　瑛
封面设计：徐澄玥
责任校对：齐　悦

书　　号：ISBN 978-7-5610-8221-8
定　　价：32.00 元

联系电话：024－86864613
邮购热线：024－86830665
网　　址：http：//press. lnu. edu. cn
电子邮件：lnupress@vip. 163. com

目　录

第一章 绪 论

一、研究背景

科技文献是人类从事科学技术研究活动的真实记录，保藏着人类的智慧和科研成果，也反映着科技发展的过程。任何科技进步都不是凭空创造取得的，就像伟大的科学家牛顿"站在巨人的肩膀上"一样，需要借助、参考前人的相关研究成果而产生。这也就要求对现有的科技文献进行深入的挖掘与揭示，以实现科技文献信息资源的充分开发和有效利用，并以此促进科技创新的形成。然而当前科技文献信息开发利用正面临着困境，具体体现在两个方面：

1. 科技文献信息价值实现滞后

科技文献具有难以估量的信息价值。而且我国的科技文献产出数量正呈现出逐年上升的趋势。

2001 年至 2011 年我国科技人员共发表国际论文 83.63 万篇，排在世界第二位（见图 1.1）。① 据 OECD 统计，2009 年中国发明人拥有的三方专利数为 667 项，排在世界第 11 位并呈现

---

① 中国科学技术信息研究所. 中国科技论文统计结果（2011）[EB/OL]. [2012－04－04]. http://www.istic.ac.cn/tabid/640/default.aspx.

出上升趋势（见图 1.2）。① 2010 年美国专利商标局统计，中国申请人获专利授权共 2657 项，排在世界第 8 位，数量较 2009 年增长 60.54％。② 可以看出，我国科技文献正处于数量高增长的繁荣阶段。

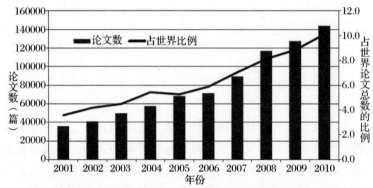

图 1.1　SCI 收录中国科技论文占世界论文总数的比例与趋势

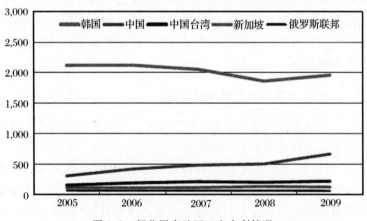

图 1.2　部分国家地区三方专利情况

①　OECD Statistics. ［2012－04－04］. http：//stats. oecd. org/Index. aspx.

②　United States Patent and Trademark Office. ［2012－04－04］. http：// www. uspto. gov/patents/index. jsp.

然而，数量增长的同时，这些宝贵的科技财富却没有得到有效的开发利用。

首先，从科研角度看，我国每篇论文平均被引频次为 6.21，而世界平均值为 10.71，具体到各个主要学科则反映出更大的问题（见表 1.1）。①

表 1.1　我国主要学科论文被引率相对世界平均水平

学科	论文		被引用		篇均被引	
	数量	占世界份额（%）	次数	占世界份额（%）	次数	与世界平均值差距
农业	11064	5.25	57526	3.86	5.2	−1.87
生物与生物化学	34004	6.05	264725	2.8	7.79	−9.06
化学	194652	16.27	1411351	10.54	7.25	−4.04
临床医学	71554	3.36	572062	2.09	7.99	−4.82
计算机科学	26481	9.93	64432	6.22	2.43	−1.46
工程技术	92353	11.11	397043	9.78	4.3	−0.59
环境与生态学	19827	7.23	141572	4.55	7.14	−4.2
地学	27433	9.69	195705	7.14	7.13	−2.54
免疫学	4517	3.65	36804	1.39	8.15	−13.27
材料科学	93562	20.05	493070	14.53	5.27	−2
数学	33662	12.62	105497	11.38	3.13	−0.35
微生物学	8665	5.15	69598	2.67	8.03	−7.45

① 中国科学技术信息研究所. 中国科技论文统计结果（2011）［EB/OL］. ［2012−04−04］. http：//www. istic. ac. cn/tabid/640/default. aspx.

学科	论文		被引用		篇均被引	
	数量	占世界份额（%）	次数	占世界份额（%）	次数	与世界平均值差距
分子生物学与遗传学	13988	4.94	150037	2.14	10.73	−14.07
综合类	1752	9.78	5064	5.56	2.89	−2.2
神经科学与行为学	10056	3.33	86388	1.5	8.59	−10.56
药学与毒物学	13869	7.35	96426	4.19	6.95	−5.24
物理学	123162	14.02	730478	9.51	5.93	−2.82
植物学与动物学	30021	5.37	168518	3.91	5.61	−2.09
神经病学与心理学	3697	1.48	28171	1	7.62	−3.63
空间科学	7789	6.29	54875	3.05	7.05	−7.47

可以看出，我国各主要学科论文篇均被引频次均低于世界平均水平，而且个别学科甚至低于世界平均水平较大。说明在科学研究过程中，我国科技文献并没有最大化地再次参与科研，而是大多处于静置状态，形成的科技成果多被弃之不用，没有充分发挥其作用，因而未能实现自身价值。

其次，从成果转化角度看，多年以来我国文献管理中重保管轻利用的思想严重制约了海量科技文献信息价值的实现。我国有调研报告表明，大学科研单位所取得的研究成果，虽然具有较高的水平和质量，但其中只有不到10％能够真正转化投入生产。吉林省是我国科技大省，长春市更以其雄厚的高校资源走在我国

科技创新的前列，但统计数字指出，长春市的科技转化率也仅有
31.7%。① 不充分的科技成果转化，一方面造成了科技资源的巨
大浪费，同时也体现出科技文献信息价值未能充分实现的现实。

第三，从公众利用角度看，目前我国图书馆馆藏科技文献流
通利用率极低，有些科技图书借阅率甚至为零，远落后于西方发
达国家。

可见，不管从哪个角度看，我国科技文献的信息价值实现均
体现出滞后的特点。科技文献信息开发利用的不力不但造成了科
研投入的浪费，而且已经成为制约我国科技创新的一个主要
问题。

2. 数字化科研方兴未艾

2000 年英国学者约翰·泰勒首先提出 e－Science 的概念。
其意义被解释为"在重要的科学领域中的全球性合作，以及使这
种合作成为可能的下一代基础设施"②。数字化科研以科研信息
化为本质，反映了科学研究活动在数字时代的发展。其主要特点
是营造了一个信息高度流通与共享的科研环境，进而对传统的科
研方式产生变革式的影响。

数字化科研带来的强大的仿真与模拟手段已经在大气与环境
科学、物理与天文科学、医学与生物、材料与工程、甚至社会行
为等领域取得了广泛的成功应用。可以说，数字化科研使得科学
研究的能力、对象和范围在微观上得到了深入，在宏观上得到了
扩展，前所未有地丰富了科技创新的可能。同时，数字化科研扩
大了科学研究参与主体的范围，也为大型课题的联合攻关提供了

---

① 国家统计局吉林调查总队. 长春市科技成果转化情况及存在的问题. ［EB/
OL］. ［2012－04－15］. http：//www. stats. gov. cn/tjfx/dfxx/t20071028_
402440395. htm.

② 敖龙，李进华. e－Science 环境下的科学工作流实现及其应用研究
（Ⅱ）——生命周期与应用分析 ［J］. 情报科学，2011 (1)：113－117.

优质条件。

英国、美国、中国大陆、中国台湾、韩国、日本及欧盟等已纷纷展开各自的数字化科研项目。其中美国 TeraGrid 是 NSF 投资 5300 万美元建设的一个典型代表。它以 40Gbps 的带宽连接了美国圣地亚哥超级计算中心（SDSC）、国家超级计算应用中心（NCSA）、加州理工学院（Caltech）和阿贡实验室（ANL）等 4 个拥有大量计算资源和数据资源的节点。[①] 目前 TeraGrid 中的资源达到 6.8TB 内存，拥有 79TB 的内部磁盘和 576TB 的网络存储。

可见，数字化科研活动从提出到现在充分发展的 10 多年时间里取得了长足的进步，而且对许多学科的深入和发展起到了巨大的促进作用。但我国数字化科研水平较低，还处于起步阶段。据统计，我国目前拥有数字化期刊文献约 1500 万篇，只占现有印刷文献的 2/5。

综上所述，我国科技文献价值实现滞后，严重影响了科学进步、科技创新和科技成果向现实生产力的转化；数字化科研水平偏低无疑将会更加制约我国未来的科学研究发展。因此，基于这样的背景，开展数字环境下科技文献信息开发利用与服务研究，具有突出的意义。

二、研究意义

科技文献信息是全人类共同的宝贵财富，其开发利用程度直接关系到科技事业的发展水平和国民经济进程，对促进科技进步与科技成果转化，提升科技创新能力至关重要。因而，在数字环境下，研究如何把握信息技术发展带来的契机，推动科技文献信

---

① Katsuyo Thornton，Dallas R. Trinkle. Applying for computational time on NSF's TeraGrid—the world's largest cyberinfrastructure supporting open research [J]. JOM, 2010 (3)：17－18.

息的开发利用，在理论和实践两方面均具有重大的意义。

1. 理论意义

（1）本研究有助于拓宽图书馆学研究视角，推动新的学科生长点的产生。首先，科技文献本身种类繁多，各具特色，为研究工作带来了不便。我国科技文献的相关研究起源于上世纪80年代，多为传统环境中文献学视角下的研究，许多当时的研究成果在目前的数字环境下已不适用。其次，我国图书馆学研究大多以普通图书、期刊为研究对象，较少针对其他种类的科技文献，造成相关理论研究不足的困难。因此，本研究以图书馆学视角研究科技文献元数据规范的制定、科技信息网格的构建、科技信息服务的模式与安全风险及控制。既能够拓宽研究视角，又能够弥补当前研究不足，催生新的学科生长点。

（2）本研究有助于文献信息资源管理理论体系的完善。文献信息资源管理的理论研究历史悠久，历经从传统环境到数字环境的变迁，取得了相当的研究成果，也为本文的研究提供了一定的理论指导。但纵观其研究内容，针对科技文献的研究数量偏少。即使在相对较薄弱的相关研究成果中，传统环境下偏重文献计量学，而数字时期大多针对资源建设而展开，对于能够直接促进其价值实现的开发利用则较少有深入涉及，致使相关研究整体上呈现出低水平重复的特点。所以，本文的研究针对数字环境下科技文献开发利用理论、方法、途径及安全风险与控制等各个方面而展开，积极应用信息技术，进行深入探索，能够丰富和完善文献信息资源管理的理论体系。

2. 实践意义

本文的研究成果对于数字环境下科技文献开发利用的实施具有很强的指导意义。

（1）有助于规范中文科技文献著录，充分揭示科技文献信息内容与价值。无论在传统时期还是在数字环境里，文献的著录标引都是实现共享与开发利用的首要工作。然而科技文献种类繁多，至今尚没有统一、全面且实用的著录标准。本研究参照目前国家科技图书文献中心（NSTL）已经制定的期刊论文、会议论文、学位论文与科技报告的中文元数据标准，重点研究制定专利文献、标准文献、科技档案及产品样本的元数据规范，作为对现有标准的补充与完善，使研究成果更具实践应用价值。与已有的标准联合应用能够起到规范中文科技文献著录，同时充分揭示科技文献信息内容的作用，为跨种类的科技文献联合检索与管理打下坚实基础。

（2）促进多种科技文献的集成共享与价值实现。针对科技文献分布零散，未能形成集群优势，难以发挥整合作用的特点，本研究建立科技信息网格，以先进的信息技术联结广域互联网内各种科技文献资源，实现期刊文献、科技图书、专利文献、会议文献、标准文献、学位论文、科技报告、科技档案与产品样本各类科技文献的集成共享。同时通过科技信息网格提供统一的检索入口和一站式的资源与服务获取，消除技术门槛，赋予任何人利用科技文献的条件，推动科技文献的社会化交流，有效促进科研成果转化，从而实现科技文献价值。

（3）促进服务理念与方式的改变，辅助科研。通过转变当前科技文献信息服务被动的服务理念与单一的服务方式，倡导层次化、差异化、主动式、交互式的服务，实践以用户为中心的思想，为科技信息服务带来新的动力和突破。另一方面，通过推行选题辅助、引导启发、成果评估、专利代查、产品分析和标准推介等基于科技文献信息的、针对整个科研过程的特色服务，为科研工作者提供全方位的、综合性的、细节化的科研支持。充分发挥科技成果对科学研究的指导与领航作用。

三、研究内容与创新点

随着科研信息化的发展，现代科学研究存在于社会活动的各个领域，用户与科技文献信息之间的交流也日趋频繁与复杂，现代研究人员的信息行为在技术、客体和形式上也不断多样与深化，都对科技文献信息的开发利用提出了挑战。为了应对挑战，本文以英国情报学家费桑提出的信息流模型为指导，将模型中"信息"、"源"、"标引"、"编码"、"用户"和"渠道"6个元素投射到科技文献信息开发利用研究当中，通过它们之间的互联与互动，实现数字环境下科技文献的开发利用。概括来讲，本文重点研究了如何依据科技文献的自身特点和用户的利用需求，在数字环境下，运用各种信息技术，对科技文献进行描述、揭示和加工，实现分布广泛且类型多样的科技文献的集成和共享，并以之为基础，实施随需应变的科技文献信息服务，同时规避和控制整个开发利用过程中可能产生的种种风险，保障数字环境下科技文献信息开发利用的顺利进行。

1. 研究主要内容

本文全文主要内容分为九章，具体包括：

第一章是绪论。本章首先从科技文献价值实现滞后和数字化科研方兴未艾两个方面介绍了论文的选题背景。阐述了论文写作的理论及实践意义，即在理论上有助于拓宽图书馆学研究视角，推动新的学科生长点的产生，有助于文献信息资源管理理论体系的完善；实践中能够规范中文科技文献著录，充分揭示科技文献信息内容与价值，促进多种科技文献的集成共享与价值实现，并且促进服务理念与方式的改变，辅助科研。其后介绍了各章的核心内容与研究的创新之处。最后概述了本文研究的方法与思路。

第二章是研究综述与相关理论。分别从科技文献开发利用相关概念研究、开发利用研究、服务模式研究和信息技术应用研究四个方面对当前国内外相关研究进行了梳理和总结，勾勒了目前学界的研究现状，为本文确立了研究空间。现状调查部分，以网站调研的方式对当前国内外数字化科技文献信息的开发现状加以调查，掌握当前的实践进展与不足之处；以问卷形式对科技文献的利用现状展开调查，了解用户组成、特点、对科技文献的认识以及用户利用各类科技文献的障碍、需求和意愿。然后对信息资源共享理论、信息增值原理、信息流模型、信息构建理论和风险管理理论进行了概要性的介绍，作为本文进一步深入研究的理论基础和指导。

第三章是数字环境下科技文献信息开发利用要素分析。本章依据上文研究综述和实践进展部分所反映出的问题与不足得出数字环境下科技文献信息开发利用信息资源整合、信息技术应用、提升服务质量和重视安全保障的诉求。通过对数字环境下科技文献信息开发利用资源要素、技术要素、作用要素和风险要素的分析确立了本研究的基本方向。

第四章是科技文献元数据开发。本章依据《中文元数据标准框架及其应用》，设计科技文献元数据规范，以期实现文献选择、文献识别、文献获取和加工管理的功能。考虑到目前国家科技图书文献中心已经制定了期刊论文、会议论文、学位论文与科技报告的中文元数据规范，并已取得了良好的应用效果。从实践价值角度出发，本文不再进行重复研究，而重点制定专利文献、标准文献、科技档案、产品样本的元数据规范，并完成其 XML 置标，作为对现有标准的补充与完善。

第五章是科技文献信息网格的构建与应用。本章首先从网格的含义、特点与优势入手，界定了科技文献信息网格的概念，并提出信息集成、统一检索获取、资源共享、用户管理和服务拓展5大功能。其后在网格设计部分，设计了由科技资源组块、虚拟抽象组块、业务处理组块、交互沟通组块与用户服务组块组成的科技文献信息网格总体结构，详细叙述了每个组块之间的拓扑结构和交互关系。在此基础上完成了各种类科技文献信息节点与功

能节点的设置及节点间纵向树形与横向网状的组织结构。在功能
实现部分，提出以 OAIS 参考模型和 OAI－PMH 协议为基础，
利用科技文献元数据在网格中实现各类型科技文献信息的集成；
以标准化检索服务和检索服务发现与描述协议为基础，搭建科技
文献信息网格的统一检索平台，实现异构文献信息的统一检索。
最后，设计了食品科学信息网格作为科技文献信息网格的应用实
例并加以实现。

　　第六章是科技文献信息随需应变服务模式构建。本章从当前
科技文献信息服务瓶颈分析入手，设定了层次化、差异化、主动
式和交互式 4 项服务目标。进而通过对随需应变内涵与优势的解
析，指出随需应变是转变理念，实现科技文献信息服务目标的关
键。其次，在现有服务基础上，创新性地提出选题辅助、引导启
发、成果评估、专利代查、产品分析与标准推介 6 项新的科技文
献信息服务方式。最后，引入 SOA 架构，通过创建微操作、分
组微服务并进行微服务的自由组配，构建了科技文献信息随需应
变服务模式，并以应用实例说明服务的运行方式、验证服务的有
效性。

　　第七章是科技文献信息开发利用风险与对策。本章在风险管
理理论的指导下首先对数字环境下科技文献信息开发利用进行风
险识别。提出环境变革中风险的累积、生命周期过程风险的累
积、网格系统与存储系统风险的累积以及技术转型风险与制度转
型风险的累积是造成当前风险的主要成因，再通过进一步分析，
识别出当前所面临的风险主要包括：存储过程风险、元数据风
险、网格环境风险、访问过程风险、获取过程风险、法律类风
险、资金类风险和人员类风险 8 种。其后，制定了控制各类风险
的理论模型和具体实践措施，从理论与实践两个方面，明确风险
控制策略。最后，应用关键技术，设计了包括身份认证与加密、
访问控制和数据库安全在内的安全模块，为科技文献信息开发利
用与服务整体提供安全保障。

　　第八章是研究结论与展望。对全文进行总结，陈述本论文的

基本观点与主要研究结论，并对科技文献信息开发利用与服务的未来研究趋势和方向进行了展望。

2. 论文创新点

本文的创新之处主要体现于以下几方面：

（1）在国家科技图书文献中心（NSTL）现有科技文献元数据基础上，补充制定了专利文献、标准文献、科技档案和产品样本元数据规范。通过专家咨询法，经反复论证修改确定元数据项，在元素定义方面遵循 ISO/IEC 11179 国际标准，依照 NSTL 现有元数据的结构组织元素，制定 4 种类型科技文献元数据规范，作为其补充与完善。

（2）构建了科技文献信息网格并设计实现其应用实例。在界定科技文献信息网格概念与功能的基础上，对其总体结构、拓扑结构和节点组织结构进行了详细设计，应用技术手段实现科技文献信息网格信息集成、统一检索、资源共享、用户管理和服务拓展的功能，并构建我国食品科学信息网格作为应用实例。

（3）引入随需应变的服务理念，构建科技文献信息随需应变服务模式。在现有服务基础上，提出选题辅助、引导启发、成果评估、专利代查、产品分析与标准推介 6 项科技文献信息服务。并以面向服务的架构（SOA），通过创建微操作、分组微服务和进行微服务自由组配的方式，构建科技文献信息随需应变服务模式，并以应用实例加以说明和验证。

（4）应用风险管理理论对数字环境下科技文献信息开发利用的风险进行识别与分析，并在理论和实践两方面提出了风险控制对策。

四、研究方法及思路

1. 本文研究方法

本文主要采用以下研究方法：

（1）文献分析法：广泛收集科技文献及国内外相关领域研究文献，跟踪研究动态，在大量阅读文献、掌握基本理论与研究现状的基础上，寻找本文研究的立足点和发展方向。

（2）问卷调查法：通过纸质及电子问卷形式对当前我国科技文献利用现状展开调查，掌握用户对各类科技文献的认识，在利用中的问题、障碍和利用意愿。以使本论文的研究做到有的放矢。

（3）专家咨询法：拜访本领域专家学者，或通过电话、e－mail 等方式与他们联系，就研究中的具体问题进行咨询。

（4）系统分析法：从系统角度出发，将科技文献信息开发与利用工作视为一个整体系统，对其各个环节进行优化研究，最终达到提高科技文献信息开发利用率的目的。

（5）网络调研法：通过互联网对国内外科技文献共享平台和数据库网站展开调研，掌握当前科技文献资源建设实践进展，总结使用经验，了解其中不足，为本文的研究提供现实基础。

2. 本文研究思路

本文的基本研究思路如图 1.3 所示：

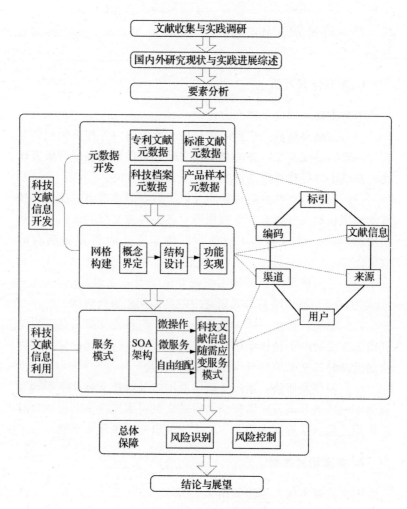

图 1.3 本文研究思路图

五、本章小结

本章从科技文献信息价值实现滞后和数字化科研方兴未艾两

个方面介绍了研究的选题背景。从理论和实践两方面阐述了本文的研究意义。阐述了论文各章的主要内容和本研究的主要创新点。最后对本文的研究方法与研究思路加以介绍。

第二章 研究综述与相关理论

本领域相关研究始于 1953 年，苏格兰中心图书馆馆员 M. C. POTTINGER 发表论文对苏格兰科技文献信息资源现状加以介绍并表述了控制此部分资源加以系统组织的需要。① 该篇文章唤起了学界的研究热情和一系列更为深入的研究。我国科技文献的相关研究起源于 1962 年周自衡先生对原子能科技文献查阅方法的探寻。本章拟对前期文献调研阶段掌握的相关文献进行综述，介绍研究现状，梳理研究成果，以期为进一步深入研究提供理论基础。

一、研究综述

本研究前期工作中在 CNKI、Emerald、Proquest 和 Google Scholar 等平台进行广泛检索，共检得相关中英文文献 7201 篇。对这些文献加以分析可知，目前学界在科技文献信息开发利用相关领域的研究成果主要可分为以下几个方面：

1. 相关概念研究述评

（1）科技文献概念辨析

与科技文献最为相近的概念包括科学文献、科技文件和科技

---

① M. C. POTTINGER. SCOTTISH RESOURCES OF SCIENTIFIC AND TECHNICAL LITERATURE AND INFORMATION AND THE NEED FOR MORE SYSTEMATIC ORGANIZATION [J]. Aslib Proceedings，1953 (2)：155−162.

档案。

①科技文献。"文献"的概念最早出现在《论语·八佾》之中："夏礼吾能言之，杞不足征也；殷礼吾能言之，宋不足征也；文献不足故也。"理学家朱熹对这段话进行了解释，其中"文"指的是典籍，而"献"则是指先贤。后逐步用"文献"一词指具有价值的资料、图书或文物等。① 现代一般将文献解释为："以各种技术手段，把一定的信息内容记录到一定的载体上形成的存储型传递媒介"②。科技文献作为其下位概念也随着科研工作和图书情报学科的发展而逐步产生。国内对科技文献的认识主要有以下几种：

科技文献是载有科学技术知识或信息的一切载体，是人们从事科技研究活动的劳动成果。按编辑出版形式，可分为科技图书、科技期刊、科技报告、会议文献、技术标准、专利文献、产品样本、学位论文、技术档案等。③

科技文献是指有关自然科学和社会科学的学术论文、实验报告、专利产品和说明书等。④

科技文献是记录有科技知识的各种载体。科技文献的出版类型包括科技图书、科技杂志、报刊、专利文献、标准文献以及科技报告、产品资料等。⑤

国外对科技文献概念的概括有：

---

①　朱熹. 论语集注［M］. 山东：齐鲁出版社，1992：56.

②　中国大百科全书编委会. 中国大百科全书［M］. 北京：中国大百科全书出版社，2009：2037.

③　王绍平等. 图书情报词典［M］. 上海：汉语大辞典出版社，1991：203.

④　倪传斌，刘治. 科技文献作者主观态度的正确传译［J］. 中国科技翻译，1997（10）：33—36.

⑤　陈祖海，李国英，张集文. 农业现代化的技术需求类型、技术来源及其实践［J］. 农业技术经济，2000（3）：25—27.

科技文献是人类科学研究活动的主要副产品之一。①

美国国防部将科技文献定义为：由国防部主办的或与国防有关的研究和工程工作产生的以文献形式编写的成果。②

可以看出，国内对于科技文献的定义比较注重其容涵性，即尽可能列举出了科技文献可能的表现形式，其核心含义统一为记录科技知识的载体。而国外对科技文献的定义比较灵活，可以是某个机构为便于处理而做出的狭义理解，也可以赋予此概念无限宽广的外延。综合本文的研究侧重点，本文中科技文献的概念仍按国内本土的经典形式理解，即在科技活动中形成的，记录有科技知识的一切载体。

②科学文献。与科技文献概念最为接近的概念即"科学文献"，对科学文献的含义一般有如下理解：

科学文献是指反映自然、社会和思维等客观规律的分学科知识体系的资料，是情报工作的基础。③

所谓科学文献，是指在国际科学刊物上经过匿名审查的，公开发表的学术研究论文和专著。④

科学文献的主要内含是科学信息与科学知识，其主要作用是能够生成效益，也就是说，它可以对外界产生有益影响。⑤

比较可知，学界对于科学文献的界定相对于科技文献来讲，

---

① J. Biskup and D. W. Embley. Extracting information from heterogeneous information sources using ontologically speciﬁed target views [EB/OL]. [2011-12-30]. http：//www. deg. byu. edu/papers.

② 霍忠文. 内涵、范畴、作用、任务——美国国防部《科技信息计划》透视录 [J]. 情报理论与实践，1999 (6)：45-49.

③ 张和平，刘辉，陈红，常亚平. 论高校情报机构的文献工作 [J]. 大学图书情报学刊，2002 (2)：56-59.

④ 潘家华. 国家利益的科学论争与国际政治妥协——联合国政府间气候变化专门委员会《关于减缓气候变化社会经济分析评估报告》述评 [J]. 世界经济与政治，2002 (2)：22-26.

⑤ 于锡南. 用能量观点诠释科学文献的"老化"现象 [J]. 情报杂志，2002 (8)：15-18.

外延稍稍狭窄一些，更偏重于具体学科的论文和专著等。但国外将此二者统称为"scientific literature"，并不做过多区分。

③科技文件。关于科技文件这一概念的含义有三种具有代表性的表述方法：

其一，"科技文件是针对特定科研活动而编制形成的科技文献。"[①] 其二，"科技文件是伴生于科学研究活动的文献。"[②] 其三，"科技文件是表达人们技术思想和组织科研实践活动的科技信息载体。"[③]

第一个概念着力对科技文件的内容特征进行揭示，将"科技文献"这一概念置于"科技文件"的从属地位，突出了科技文件在内容上的科技性，将其与其他不载有科技信息的文件加以分别。

第二个概念则抛开了信息内容上的差别，将科技文件理解为在科研活动中生成的文件。

第三个概念在科技文件所承载的内容方面与第一个概念相同，但以"信息载体"作为其从属概念，扩大了概念的容涵性，将实物也纳入了概念范畴之内。

本文认为第二个概念能够较好地体现科技文件的本质，虽然它将一些非科技信息内容纳入了进来，但从"文件"概念的内涵和外延上看仍然是合理的。

④科技档案。与科技文件紧密相连的另一个概念是科技档案，具有代表性的表述有：

科技档案是指从事科学技术活动中直接形成的，对国家和社会具有保存价值的各种文字、图表、数字、声像等不同形式的历

---

① 黄世喆. 对科技文件概念的不同含义的理解 [J]. 湖北档案，2005 (12)：13－15.

② 吴品才. 狭义科技文件的广义理解 [J]. 档案，1996 (5)：30－35.

③ 霍振礼. 也从科技文件与科技档案的关系谈起——没有理由淡化科技档案概念 [J]. 档案学通讯，2005 (4)：11－13.

史记录。①

科技档案是机关、团体、单位或个人在科技活动中形成的，作为历史记录整理留存的信息载体。②

科技档案是指一个项目从立题开始到成果开发推广应形成和保存的材料，它包含了巨大的智力成果，属于知识产权的范畴。③

实际上，科技档案是科技文献的下位概念，是科技文献中的一种。

综上所述，可以得出结论，科技文献是在科技活动中形成的，记录有科技知识的一切载体，这一概念内涵明确，外延清晰而广泛，具有最大的科学严谨性。科学文献与科技文献最为相似，二者内涵基本相同，但科学文献的外延稍窄。科技文件概念的外延划分得最为宽泛，将不具备科技内容但与科技活动相关的文件也囊括了进来。科技档案从具体包含内容上看，与科技文件差异不大。

（2）科技文献信息开发利用的内涵

科技文献信息具有突出的价值，除此之外，作为信息资源当中的一种重要形式，科技文献信息自然也具备了信息资源的诸多功能和属性。例如，借助科技文献信息，可以指导人类认识和改造客观世界的活动，不仅包括教育辅助，还包括对科学研究的支持；另外，信息资源所具有的经济价值使得科技文献信息（如专利技术信息）可以作为商品流通进入市场，满足用户获取稀缺信息的要求，从而很好地发挥经济功能。

正因为科技文献的种种重要价值和功能，对科技文献信息的开发利用也才具有了现实基础。为了高效地开展文献信息资源的

---

① 王传宇，李统祜. 科技档案管理导论 ［M］. 南京大学出版社，1993：5.

② 朱成甫. 读《现代科技档案管理》有感 ［J］. 陕西档案，1996（5）：5－8.

③ 崔瑞芳. 谈科技档案管理中的知识产权保护 ［J］. 浙江档案，2004（6）：19－22.

开发利用，首先应该对其内涵加以深入理解。"信息资源开发利用"的概念是我国政府为了控制信息资源领域的各种问题而提出的，可以说具有一定的中国特色。

①政策法规的解读。事实上，针对科技信息资源展开开发利用是最原始的科技情报工作所重点关注的问题，也是我国科技信息领域的研究起点。进行科技信息资源开发利用的具体形式有分类、标引、编目及建设数据库、开展科技信息服务等。随着时代的发展，我国政府也在不同的文件中对这一概念进行了渐变式的解读。综合起来能够体现对科技文献信息开发利用工作含义认知的变化。

该概念的首次出现是在 1987 年《加强科技信息资源的开发与利用》① 文件中，将开发信息资源定义为通过各类信息系统，以搜集、存储、处理和流转的方式实现有效利用以满足各类社会需要的过程。

在 1991 年颁布的《国家科学技术情报发展政策》② 中，我国政府指出我国的科技情报业务工作体系应由标准化搜集、加工、整序、传递、报道、检索、研究、交流、咨询和用户反馈等各子系统组成。并在此基础之上将国家科技情报系统的功能集中在对社会情报进行整序、检索、研究与咨询方面。

其后，于 1997 年颁布的《国家信息资源开发利用规则》③ 又对该概念做了进一步的修正。指出信息资源开发利用的目的是提高信息资源的可得性、可用性与适用性，同时以商品化、数字化和网络化的方式实现信息资源共享，这一过程是通过对信息资

---

① 加强科技信息资源的开发与利用. ［EB/OL］. ［2012－03－09］. http：// www. saac. gov. cn/cyzx/cyzx. html.

② 中华人民共和国科学技术部. 国家信息资源开发利用规则 ［EB/OL］. ［2012－04－11］. http：//www. most. gov. cn/.

③ 中华人民共和国国家发展和改革委员会. 国家信息资源开发利用规则 ［EB/OL］. ［2012－03－26］. http：//www. sdpc. gov. cn/yjzx/yjzx _ detail1. jsp? SiteId＝4&comId＝1895.

源加以采集、处理、传递和使用来实现的，其最终目标是推动国民经济的发展和民众生活质量的提高。

不难发现，我国政策法规当中对科技文献开发利用的理解经历了"收集存储——序化加工——应用现代信息技术提供高水平利用"的发展过程。这与信息技术的进步和理论研究的逐步深入是息息相关的。

②理论研究的阐释。学术界对科技文献信息开发利用含义的认识可以归结为两种观点：信息产品观和价值实现观。

其中，持信息产品观的学者认为科技文献信息的开发利用是通过各种揭示、序化和加工将科技文献信息转变为信息产品以供利用的过程。

杜克等学者认为科技文献信息开发是基于图书馆的科技文献收集与流通服务，综合运用各种技术手段，对科技文献资源的内容进行多层次的加工、揭示和序化，并依照读者需求和信息市场营销策略，以多样化的产品形式提供给用户的工作。[①]

孙鑫认为科技文献信息的开发利用是指信息服务机构在文献收集与流通的基础上，运用各种技术手段使得静态的科技文献资源转化为动态的科技情报知识，并向用户提供多样化的信息产品的工作。[②]

持价值实现观的学者认为科技文献信息开发利用是使用各种手段实现科技文献价值的过程。

乌家培在其《信息资源与信息经济学》[③] 中对信息资源的开发利用做出了狭义上的阐释。其中信息资源的开发是在对信息内容进行加工的基础上拓展信息的来源渠道，从而完成信息流的加速过程；信息资源的利用是指通过信息加工手段扩展思路，生成新信息，通过对信息的使用实现其自身价值。

① 杜克. 文献信息开发工作 [M]. 北京：北京图书馆出版社，2001.
② 孙鑫. 科技文献信息开发的理论研究 [J]. 学理论，2010（25）：157－159.
③ 乌家培. 信息资源与信息经济学 [M]. 大连：东北财经大学出版社，1986.

赖茂生认为，开发利用信息资源，首先是通过各种信息加工手段满足社会利用需求的过程。或者说，是通过各种序化加工方法，将原本分散、原始、难以理解的信息向可得、可藏、可管、可用转化的过程。最终通过在社会发展中各种事务处理和问题解决中的作用发挥实现其信息价值。①

代根兴认为科技文献信息的开发，是对科技文献承载的信息进行采集、加工存贮和输出的整个过程，是把科技文献承载的信息由静态转化为动态，为用户所接受的过程，是实现科技文献信息的价值，充分发挥科技文献作用的过程。②

可见，科技文献信息开发利用作为文献资源开发利用的下位概念，二者在内涵上是一致的，只不过前者所统辖的范围更加具体和明确。

综观以上观点，尽管角度稍有不同，但其核心内涵还是一致的。为此，本文参照前人的研究成果，对科技文献信息开发利用的内涵作如下理解：科技文献信息的开发利用是指根据用户需求与目标，通过数字化、网络化、有序化、产业化等形式，以各种组织、序化和加工手段对科技文献信息进行吸取、重组、创新、集成，并最终以适当的形式向用户提供利用，帮助用户解决实际问题的过程。

2. 开发利用研究述评

目前国内外学者们从理论上进行的科技文献信息开发利用研究可总结为以下几方面内容：

（1）科技文献检索

国外科技文献检索研究起源较早，1955 年 A．C.

---

① 赖茂生，杨秀丹等. 信息资源开发利用基本理论研究 [J]. 情报理论与实践，2004（3）：229－235.

② 代根兴，周晓燕. 科技信息资源概念研究 [J]. 情报理论与实践，1999（6）：8－15.

TOWNSEND 撰文指出掌握科技文献获取方法的意义与重要性，并详细介绍了美国当时医学、地理、化学、历史等 11 个学科的文献获取途径。① 我国对科技文献检索的研究开始于上个世纪 80 年代，是我国现代科技文献研究的起始切入点。辛文华撰文阐述了科技文献检索的意义、作用、内容和要求。认为科技文献检索可"参考、继承和借鉴前人的科学技术积累；摸清国内外有关学科的发展趋势和动向；节约时间，缩短科研进程"的作用，界定了科技文献检索内容，并提出了"建立完善检索系统"、"加强对科技文献检索工作人员培养"和"普及科技文献检索知识"三项要求，② 是我国早期科技文献检索研究的代表性成果。其后中外学者在本主题内的研究集中于以下几个方面：

丁晓清在国内最先指出"从 WWW 上获取最新科技文献信息是一条有效途径"③ 并阐述了 WWW 的文献信息检索功能以及方法。

韩宗芬、陈羚等设计了一种科技文献关联模型，④ 描述了科技文献中的实体和实体之间的各种关联、实体的属性以及关联的属性，为科技文献中孤立信息的互联提供了支持。

Marica Staresinic 与 Bojana Boh 从科学技术领域最终用户的角度出发，探讨了专利全文检索的相关性问题，提出了 10 条增强专利检索相关性的指导性建议。认为应该关注专利文献的书目部分的分析。然而，不相关的专利文件中的数据集，可能会导致自动书目分析的不可靠。也就是说术语应用不足是有关专利检索

---

① A. C. TOWNSEND. GUIDES TO SCIENTIFIC LITERATURE [J]. Journal of Documentation，1955，18（2）：73－78.

② 辛文华. 科技文献检索——谈文献检索的意义、作用、内容和要求 [J]. 情报知识，1982（3）：9－10.

③ 丁晓清. WWW 与最新科技文献信息检索 [J]. 情报杂志，1998（2）：21－22.

④ 韩宗芬，陈羚，袁平鹏等. 基于关联的科技文献检索方法 [J]. 华中科技大学学报，2007（11）：69－72.

的主要障碍之一，对新兴和快速发展的科学和技术领域尤为如此。①

洪社娟认为数字信息时代的科技检索可采用"溯源法"、"顺时法"和"综合法"，并充分利用文摘、索引、数据库与学科导航等多种检索工具。②

Steven Zink 指出，长期以来联邦政府已被认为是最大的信息生产者，然而一直被忽略的是联邦政府作为一个机构实体同时也是世界上最大的信息用户。它所关注的领域范围非常广泛，其中包括一些很具边缘性的学科。经常地，政府会需要获取大量的文献并将其整合为可利用的形式。为了满足这一需求，美国政府编制了许多索引来将科技文献进行分类，若能将这些索引善加利用，将会大大增强公众的信息获取能力。③

WOOD 与 BARR 最早建议在美国的公共图书馆和大学图书馆面向学生、图书馆员以及科技工作者开设科技文献利用课程。帮助其获得实际文献检索当中需要掌握的知识，同时讨论了在英国举办类似课程的相关问题。④

Don MacMillan 与 Mindy Thuna 探寻了将专利文献检索融入信息素养教育的方法，并通过实证研究证明这一举措在自然科学的本科及研究生的科研活动中能够取得良好的辅助效果。⑤

---

① Marica Staresinic，Bojana Boh. Patent informatics：The issue of relevance in full－text patent document searches ［J］. Online Information Review，2009，33（1）：145－160.

② 洪社娟. 论数字信息时代科技文献信息检索的方法及其重要意义 ［J］. 中央民族大学学报，2005（2）：178－184.

③ Steven Zink. Government publications ［J］. Reference Services Review，1991，9（2）：91－104.

④ D. N. WOOD，K. P. BARR. COURSES ON THE STRUCTURE AND USE OF SCIENTIFIC LITERATURE ［J］. Journal of Documentation，1986，22（1）：132－140.

⑤ Don MacMillan，Mindy Thuna. Patents under the microscope：Teaching patent searching to graduate and undergraduate students in the life sciences ［J］. Reference Services Review，2010，38（3）：112－123.

通过以上叙述可以看出，科技文献检索研究正在经历从传统纸质环境到现代数字环境的过渡。研究内容上，从最初意义、作用等理论探讨开始转向科技文献检索的途径、技术和方法。但研究主题过于分散、零散，不成系统也不够深入。

（2）科技文献共享

科技文献共建共享研究是本世纪初科技文献研究领域的热点之一，其中代表性研究成果如下：

Melih Kirlidog 和 Didar Bayir 对比分析了世界主要国家科技文献的增长与利用情况，认为在科技文献总量日益增长的现实条件下，网络数据库是实现科技文献共享的最有效手段。[①]

Linda Frederiksen 介绍了英国科技报告当时主要的分布情况。国家图书馆及商业与工业部的科技报告中心是英国科技报告最大的收藏单位。但只有公开的、非保密性科技报告可以提供利用。[②]

Huang Xianrong 与 Li Xiao 探寻了如何在数字环境下协调"网络共享"与"版权保护"的有效机制。认为"取得法律许可与公共利用许可是当前情况下行之有效的解决办法，同时应该加强馆藏管理和技术应用来保障公众利益"[③]。

杨秋实在分析科技文献原文获取存在问题的基础上，列举了科技文献原文获取的图书馆、信息服务部门、文献保障系统、作者及二次文献出版商多种途径，结合使用国家科技图书文献中心

① Melih Kirlidog，Didar Bayir. The effects of electronic access to scientific literature in the consortium of Turkish university libraries [J]. Electronic Library，2007，25（1）：164－175.

② Linda Frederiksen. Report Literature in the UK [J]. Aslib Proceedings，1987，25（8）：57－64.

③ Huang Xianrong，Li Xiao. Exploring copyright solutions to online－sharing of scientific literature [J]. 2010，28（3）：35－42.

原文服务系统的体会，指出了获取科技文献原文的新方法。^①

丁梅娟分析了浙江省教育、文化、科技三大系统文献信息资源共建共享的实际情况，提出建设省级区域性科技文献信息资源共建共享体系的建设目标、原则及构想。^② 李晓和王瑾认为我国科技文献共建共享存在着"管理体制障碍"、"资金障碍"、"书目信息获取障碍"、"网络化障碍"以及"人才障碍"^③，并从组织保障、协调、利益平衡以及资金和技术保障 4 个方面提出了建立符合我国实际的科技文献资源共建共享机制。

分析可知，在科技文献共建共享方面，近来学者们比较关注网络信息技术所带来的便利及其运用。在研究内容方面，早期关注于共享必要性的论证及指导对策的探寻等理论研究，近期开始对科技文献共建共享的原则、体系、战略等进行探索。

（3）科技文献价值实现

如何实现科技文献的独特信息价值也是学界研究的重点问题。

W．A．BECK 指出大多数纳税人都未曾意识到他们的科技出版物是多么的有趣和有益，而且其中蕴含了大量知识。^④ 文章进一步将国外的科技出版物界定为议会文献与非议会文献，覆盖农业、工艺美术、国防、经济及社会学等多个领域。建议由图书馆系统保存所有的科技出版物，并定期更新目录，同时提供基于科技出版物的参考咨询。杨淇蕙认为"科技文献共享平台是国家

---

① 杨秋实. 科技文献原文获取问题再探讨 [J]. 情报理论与实践，2004（6）：629－631.

② 丁梅娟. 建设省级区域性科技文献信息资源共建共享体系的思考 [J]. 图书馆工作与研究，2005（1）：51－53.

③ 李晓，王瑾. 论建立科技文献资源共建共享机制 [J]. 现代情报，2004（1）：2－4.

④ W. A. BECK. THE RANGE OF GOVERNMENT PUBLICATIONS [J]. Aslib Proceedings，1961，3（1）：13－21.

创新体系的重要组成部分"①，在对实践案例——贵州省科技文献共享平台的介绍后，详细地论述了依托该平台开展的各类科技文献信息开发利用工作及取得的成效，指出了该平台存在的不足，并提出了相应的改进措施。

有一部分学者关注如何更好地开发科技文献资源以在科研与生产中发挥作用。张树华提出了 6 条思路：一是辅助领导决策，如编印《信息通报》等以及为领导决策提供专题研究报告；二是帮助中小型企业，即将科技信息伸展到经济、科技攻关领域；三是促进科技兴农、振兴农业，如配合"星火计划"，为农副产品加工、农村养殖业、畜牧业的发展等提供信息服务；四是深化二次文献和三次文献，广泛开展定题服务、文献检索、代查、代译及计算机检索等；五是利用图书馆的知识产品，参与技术市场交流；最后是从文献信息提供逐渐延伸到技术指导或参与科技活动等。② 范真祥认为，大力加强科技文献的开发与利用，是促进科研和生产、提高文献工作经济效益的根本途径。图书馆应走出"小圈子"，创立信息咨询中心、剪报中心、地方文献咨询中心、翻译中心等，在社会中发挥特色作用。③

还有一部分学者主要阐述了科技文献信息在教学科研中的作用发挥。陈勇阐述了 8 条途径："面向社会，实现高校图书馆的社会化"、"有针对性地收藏文献资料"、"采取各种形式报道文献资料"、"加强文献资源建设和图书馆现代化建设"、"加强队伍建设，提高工作人员的素质"、"实行开架服务"、"提高情报服务质

① 杨淇蔷. 科技文献共享服务平台建设与信息服务探讨 [J]. 情报科学，2011 (9)：1374－1377.

② 张树华. 50 年代以来图书馆为科研为生产服务的进展与展望 [J]. 中国图书馆学报，1992 (1)：45－50，81.

③ 范真祥. 二十一世纪文献资源共享的发展战略 [J]. 河南图书馆学刊，1997 (3)：17－19.

量"、"开展用户培训工作"①。

(4) 科技文献开发利用模式

①国外科技文献开发利用模式。通过分析总结，可以发现，当前国外对科技文献的开发利用模式可以归结为集中模式、分散模式和分布模式三种：

其中，集中模式是指数字化科技文献的开发和利用工作都通过一个系统（或机构）来完成，由单一机构统一负责文献信息的收集、标准的制定、文献的保存和管理以及提供利用服务等各项业务。英国图书馆文献中心（BLDSC）属于典型的集中模式。根据英国呈缴制度的规定，全国范围内的科研机构与高等院校必须将各种报告、会议文集、博硕论文等统一呈送英国图书馆进行集中存储。② BLDSC 在负责收集和管理各机构呈缴的科技文献外，还提供对这些文献信息的查询或传递服务。该模式的优点在于易于在整个开发利用过程中实现统一、协调和标准化，有助于规章制度的贯彻执行。其缺点在于系统负担太重，从信息收集到提供利用的过程都由单一机构承担，如果信息量大，则很难高质量地完成任务。此外，该模式缺乏多样性，整个系统执行统一标准、统一管理，使得开发的科技文献产品和服务较为单一，缺少个性。

分散模式指按地区、机构或科技文献类型等标准分别实现科技文献开发利用的模式。不设统一的管理，各系统分散而独立。美国的科技文献开发利用就属于典型的分散模式。主要由美国国家技术信息中心（NTIS）、PQDD 和 ArXiv 预印本文献库

---

①　陈勇. 浅谈高校图书馆文献资源的开发与利用 [J]. 贵图学刊，1989（2）：21－23.

②　BLDSC. ［2012－02－26］. http：//www. bl. uk/services/document/greylit. html.

等分别负责收集研究报告、学位论文和会议文献等不同类型的科技文献。① 其中每一个存储机构都是独立的个体，拥有自己的文献收集渠道、收集方式、处理方式、处理标准和保存方式等，没有统一的机构从宏观上对它们进行管理。分散模式避免了集中模式的缺点，灵活性大，收集到的信息种类和数量都相对较多。但是，该模式容易造成重复收集，并且收集的科技文献质量和提供的服务水平参差不齐。

分布模式将集中模式与分散模式相结合。它一般是由一个总系统（或中心）和几个子系统组成，总系统主要负责协调管理子系统并制定标准，子系统负责收集数字化科技文献及提供服务等，以集中管理、分散开发和分散服务为特点。欧洲科技文献信息系统采用的就是分布模式，其存储内容由 17 个成员系统提供。这些成员均是国家或地区重要的情报文献中心，它们保证提供记录的有效性，并向用户提供文献传递服务。② 该模式对核心机构的约束能力、激励方式的有效性、利益分配的均衡性以及规章制度的合理性具有较强的依赖。

②国内科技文献开发利用模式。我国也有一些学者对科技文献的开发模式问题进行了探讨。如王勇总结了多网合作的开发利用模式，③ 认为该模式是由于网络技术、信息技术的发展而出现的一种新型的开发利用模式，它不同于原来的文献信息资源的开发利用。具体又分为四种类型：互补型，这种合作模式主要是合作双方依据自己在资金、技术、人才、管理和信息资源等方面的优势或劣势，与相对应的机构合作开发网络科技信息资源，强弱

---

① Steve Hitchcock，Les Carr，Stevan Harnad. Developing Services for Open Eprint Archives：Globalisation，Integration and the Impact of Links [EB/OL]. [2012 −03−31]. http：//opcit. eprints. org/dl00/dl00. html.

② SIGLE. [2012−02−25]. http：//www. kb. nl/infolev/eagle/frames. htm.

③ 王勇. 网络信息资源开发中的多网合作模式 [J]. 中国图书馆学报，2002 (5)：50−53.

互补；聚集型，该模式主要是合作的一方已经具有较好的技术、人才、信息资源等基础，为了提高自身科技信息资源的质量，优化资源结构，扩大资源的种类和数量，与相关的机构展开合作，形成规模效应，提高信息服务的水平，加强竞争力；共享型，共享型模式是为了避免重复建设，合作各方能够集中力量开发具有自身特色的数字化科技信息资源，将各自资源的相同部分共同利用，节约成本；开发型是主要以充分开发利用科技信息资源、开拓新的服务项目为目的而进行合作的一种模式。合作各方以科技信息资源的开发利用为基本点，带动经营、管理、服务等方面的创新。

陈富安认为科技文献的开发模式可以分为：对知识进行物化开发的模式、开发知识信息的模式、软科学的开发模式、以文献资源开发人才智力资源的模式、开发文献信息为知识生产服务的模式和文献信息产业的模式。①

可以看出，国外对科技文献开发利用的研究和实践虽已取得一定成果，但尚未完善，各种模式均存有不可避免的相对缺陷。我国的科技文献开发利用模式还停留在理论研究阶段，而且不够深入和具体，实践指导性不强。

总结来说，科技文献开发利用的研究起步较早，但在传统时期由于资金及技术条件等的限制很难取得突破，在数字时期又呈现出分散、零散的特点，未能形成集中的研究方向和力量。因此研究成果也不够深入，实践可操作性不强。在研究内容上，集中于检索、共享与价值实现的策略性探讨，视角较为宏观，不够具体，对于科技文献信息资源的整合集成和统一利用这样的关键性问题也几乎没有涉及。

---

① 陈富安. 论文献资源的开发及其模式 [J]. 四川图书馆学报，1990 (1)：1—10.

3. 服务模式研究述评

所谓模式是"某种事物的标准形式或使人可以照做的标准样式"①。科技文献信息是文献信息的下位概念，理论上和实践中对科技文献信息服务的研究与应用都是通过文献信息服务表达的，因此，科技文献信息服务与文献信息服务在模式上是统一的。通过对国内外现有文献信息服务模式研究的总结，可将目前处于主流地位的服务模式归结为以下 4 种：

（1）传统模式

此模式以文献信息资源建设为核心，以文献提供为主要内容，服务成本较低，但服务的速度和效果也较差。② 主要采用如下服务方式：

①文献借阅（流通），通过外借或阅览的方式将文献提供给需要的用户阅读，满足最基本最原始的信息需求。

②文献检索，用户可以自行查找也可通过服务人员帮助查找获取所需文献。

③参考咨询，属于传统模式中的较高端的服务方式，服务内容以二次文献信息提供为主。

目前仍有相当一部分图书馆应用此模式开展服务（如图 2.1 所示）。

---

① 曲红. 科技图书馆信息服务模式及服务政策研究. 信息技术与信息服务国际研讨会论文集［C］. 北京：中国社会科学出版社，1994.

② 周爱萍. 论网络环境下图书馆服务模式的变革趋向［J］. 科技情报开发与经济，2006，16（2）：107－108.

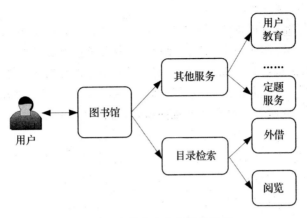

图 2.1　文献信息传统服务模式

但是该模式产生于传统时期，在数字环境下越来越表现出其不便性，越来越无法满足用户的需求。此种服务模式的特点与不足体现为：

①服务的内向性，传统时期受社会与经济条件的制约，文献信息服务多具有内向性的自我封闭趋向。

②方式的被动性，传统模式采用坐等用户上门的被动式服务方式，以馆藏和馆舍建设为中心展开服务，缺乏主动性。

③内容的表层性，以藏为主的服务方式决定了服务内容的表层性。该模式以一次文献的提供为主要服务内容，辅以定题服务等二次文献提供。

④组织结构的官僚性，传统体制决定了图书馆等文献信息服务机构在人员、经费和政策等诸多方面必须服从上级机关的领导。行政色彩的浓厚往往制约服务的进步与发展。

⑤资源组织的机械性，传统模式中的资源建设往往机械地按学科或载体划分，不能满足现代科学研究多学科互动相融的发展特点，也为用户利用带来了许多不便。

⑥手段的单一性，传统模式中以借阅和阅览为主要服务手段，其他服务手段为数不多也很少应用。

（2）集成模式

在当前由传统环境向数字环境的过渡阶段，集成模式越来越多地受到一些有一定实力的文献信息服务提供者的青睐。它们通过计算机技术和网络通信技术的实践应用，以服务平台配合文献信息库，在资源层面、技术层面和服务层面进行集成（如图2.2所示），进而一定程度上实现网络化文献信息集成共享服务。①

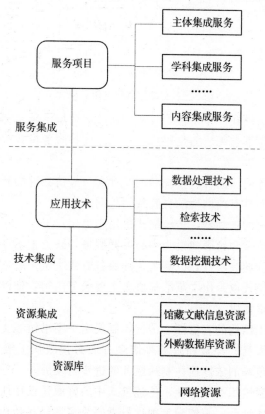

图2.2 文献信息集成服务模式

① 郭海明，刘桂珍. 数字图书馆信息服务模式发展研究［J］. 情报理论与实践，2005，28（3）：251－254.

该模式能够在以下几个方面体现出其优越性：

①文献信息资源数字化。文献信息资源的数字化加工和网络化传播是该服务模式的基础。

②检索的集成化。通过近年来开发的跨库检索技术实现跨数据库的集成检索，能够满足一般性的文献信息查询要求。

③信息导航联合化。通过各成员馆联合目录的编制，对浩繁的信息资源进行联合导航，方便用户利用。

④服务手段多元化。通过网络，用户可以借助在线浏览、资源下载及电子邮件等多种手段表达需求、获得服务。

⑤服务提供集成化。服务提供主体方面以文献传递的方式，提高服务能力，扩大共享范围。服务接受客体方面则可以通过服务平台统一进行浏览、检索、咨询等。

⑥服务层次的深入化。学科馆员制度的引入、数据挖掘技术的应用等深化了原本停留于表面的服务层次，服务内容也开始从原始的一次文献向经过加工的二、三次文献转变。

目前应用集成模式的代表是美国国家农业图书馆（NAL）、CNKI和中科院国家科学图书馆等大型文献信息服务提供者。该模式在我国的应用也存在一些不足：

①信息化水平偏低。我国目前数字化文献信息资源只占整体馆藏文献的一少部分，可以提供的服务类型也比较有限，从整个网络资源的视角看，共享程度偏低，服务平台的功能也还不尽完善。

②服务主动性与个性化程度偏低。此模式中服务平台是统一的，即任何用户都只能使用同一平台，难以体现服务的个性化。服务的主动性也仅靠推送服务、定制服务加以实现，不能对用户需求做灵活快速的响应。

③差异化服务缺失。目前我国的文献信息集成服务模式内容和方式上虽较以往有了一定程度的丰富，但没有充分考虑每个用户身份、背景、利用目的的差异，以同质的服务面对不同的需求定然难以取得令人满意的效果。

（3）个性化模式

目前我国的个性化文献信息服务以面向科学研究的定题服务、面向单个用户的信息推送或订阅服务为主要方式。

近年来发展的 My Library 服务是此模式的进一步尝试和探索。它允许用户选择并定制个人界面，申请并建立个人信息空间，根据用户自身的研究方向和兴趣收集文献信息，它注重服务效果的反馈回收，实践以用户为中心的服务理念，力求最大限度地满足用户需求。① 目前大型数字图书馆及商业文献信息提供者都不同程度地开展了个性化服务。

但此模式在我国应用的过程中也体现了一些问题：

①应用范围偏小，个性化服务模式在我国文献信息服务实践当中尚未能大规模地展开，未能体现出集团性的示范效应。

②应用水平偏低，目前大多数个性化服务的内容比较简单、形式比较单一，多数只能提供馆内资源的利用。

③服务项目偏少，在个性化服务项目上仍然显得比较贫乏，除却传统的定题、推送和近来发展的界面定制与个人信息空间外，缺乏其他切实的服务方式。

（4）知识服务模式

以知识经济为主体的社会经济形态的确立使得文献信息服务也开始向知识模式转型。所谓知识服务，简单来说指投入了服务提供者智力资本，以解决用户实际问题为价值取向的服务形式（如图 2.3 所示）。

图 2.3　文献信息知识服务模式

---

① Jake Wallis. DIGITAL DIRECTIONS Cyberspace, information literacy and the information society [J]. Library Review, 2005, 54 (4): 218−222.

它以推动信息到知识的升华和隐性知识显性化为内涵，以灵活的、深入的和个性化的服务方式为手段，满足用户的各种需求。该模式本质上是利用一系列知识组织与序化手段对知识和知识间的相互关联进行揭示并提供给用户利用。[①]

数字环境下文献信息知识服务模式的主要表现形式有：

①专业化服务平台。在专业化服务平台背后，服务提供者按照特定的体系与方法组织知识单元，突破传统的线型关联，建立网状的动态的知识体系，加深服务层次。并提供多种分类索引构建智能化知识系统，用户不再逐条地浏览信息，而是"成片地"获取知识。如中国农业大学图书馆等即是采用此种方式提供知识服务。

②领域门户网站。门户网站是特定领域知识的网上统一获取入口。它负责对多学科的文献信息进行收集，提供清晰快捷的知识导航系统，提供动态的资源更新和实时的学术前沿信息，提供多种增值服务。中国国家农业图书馆即通过此种形式实现知识服务。

与用户的沟通不畅，提供知识深度不足和对用户问题的解决不全面、不持续是当前我国知识服务模式实践中面临的主要问题。

综上所述，目前国内外在理论上和实践上应用的文献信息服务模式均存有一定不可避免的相对缺陷，尚未完善。我国的服务实践水平与国外相比更是还有一定差距，理论研究方面也显得不够深入和具体，实践指导性不强。

4. 信息技术应用研究述评

科技文献的开发利用，尤其是在数字环境下研究科技文献信息的开发利用离不开信息技术的应用。通过归纳总结，目前学界

---

① 张晓林. 构建数字化知识化的信息服务模式 [J]. 津图学刊，2003（6）：13－17.

进行的技术应用研究主要关注于以下几个方面。

（1）搜索引擎技术

长期以来，人们就开始利用搜索引擎对数字化信息资源加以组织，并在其基本原理以及与检索语言和知识组织集合方面进行了深入探讨。

Fujino. A 等学者研究设计了以生成与判别复合模式（hybrid generative/disc－riminative approach）对文档加以分类的方法。① 这种利用分类器来组织信息的方法具有分类准确性高、解释性好的优势，对提高检准率有很大的贡献。爬虫、分类器与查询处理器是传统搜索引擎组织信息的工具，土耳其学者 Cambazoglu. B. B 创建了一种不同于以往的新式搜索引擎，② 采用内部并列查询方法实施检索，能够提高查全率和查准率。

（2）数据库技术

Melih Kirlidog 和 Didar Bayir 对比分析了世界主要国家科技文献的增长与利用情况，认为在科技文献总量日益增长的现实条件下，网络数据库是实现科技文献获取的最有效手段。③

Kristin Yiotis 撰文对数字化学位论文数据库的产生和发展进行了历史性回顾，讨论了其优势并对面向学生的数字图书馆如何在本地建立并管理学位论文数据库提供了指导建议。④

---

① Fujino A，Ueda N，Saito K. A. Hybrid. Generative Discriminative Approach to Text Classification with Additional Information ［J］. Information Processing and Management，2007（2）：379－392.

② Cambazoglu B B，Karaca E，Kucukyilmaz. Architecture of a Grid－Enabled Web Search Engine ［J］. Information Processing and Management，2007（3）：609－623.

③ Melih Kirlidog，Didar Bayir. The effects of electronic access to scientific literature in the consortium of Turkish university libraries ［J］. Electronic Library，2007，25（1）：164－175.

④ Kristin Yiotis. Electronic theses and dissertation（ETD）repositories：What are they? Where do they come from? How do they work? ［J］. OCLC Systems & Services，2008，24（2）：102－114.

Janice Bradshaw 撰文对 Biomed 与 ISTPB 两种科技文献数据库进行了比较研究。认为 Biomed 对于领域内前沿性研究课题帮助较大，但是对于特定主题的全面回溯功能则略显不足。ISTPB 的特点是能够提供在其他数据库中无法获得的附加性信息。①

（3）元数据技术

元数据是数字环境下从事信息资源组织、管理、开发、利用所不可或缺的重要工具。

刘嘉对元数据的定义进行了概括总结。其一认为"元数据是与对象相关的数据"赋予潜在用户不预先了解对象特征的便捷。其二认为"元数据是对信息集合的编码描述，帮助用户确定哪些为其想要浏览的信息"②。

张晓林和梁娜结合 OAIS，介绍了 CEDRRS 与 NEDLIB 等几种数字信息长期保存元数据。③ 张晓林指出，互操作问题在跨元数据格式进行检索利用时会凸显出来，所以需要对不同的元数据格式进行转换，实现透明检索，并提出了 4 种解决方案。④

毕强与朱亚玲系统地从语义互操作、结构与语法互操作、协议互操作 3 个角度，探讨了元数据的互操作性问题及其解决方案。⑤

Klink 等人利用基于规则的元数据自动提取方法对 979 篇论文期刊进行元数据提取，提取到论文页数元数据的准确率为

---

① Janice Bradshaw. Evaluation of Biomed and ISTPB, two new literature databases from the Institute of Scientific Information [J]. Online Information Review, 2003, 7 (3): 15－22.

② 刘嘉. 元数据：理念与应用 [J]. 中国图书馆学报，2001 (5): 15－21.

③ 梁娜，张晓琳. 关于数字信息长期保存的元数据 [J]. 四川图书馆学报，2002 (1): 16－21.

④ 张晓林. 元数据开发应用的标准化框架 [J]. 现代图书情报技术，2001 (1): 50－58.

⑤ 毕强，朱亚玲. 元数据标准及其互操作研究 [J]. 情报理论与实践，2007 (5): 32－38.

98％，召回率为 90％；提取到论文摘要元数据的准确率为 90％，召回率为 35％；提取到论文简介元数据的准确率为 35％，召回率为 80％。①

（4）可扩展标识语言

XML 是一种文本形式标识语言，可对具有纵向树形的文件加以置标，具体包含 XML 声明、文献类型定义和 XML 实例三者，可以具有平台独立性的信息交换机制。

Krislin 认为要达到对网络信息资源编目的目的，图书馆员"应该注意开放交换格式的 XML 和 RDF。"②

Suárez O. S. 等人以 XML 语言完成了一个对西班牙语词典的设计，词典采用 W3C XML 方案构建文本信息，具有很好的可扩展性。③ 经实验验证，利用 XML 语言也可以完成对其他语种文献的编纂。

Martnez－Gonzalez 选择 XML 语言对结构性文档的内部片段加以描述，并实现其自动抽取，抽取工具以 XML 解析器为基础，找到目标段落时会自动返回文档片段。④ 该实验的成功为参考抽取应用和结构文档的处理填补了空白。

（5）数据挖掘技术

Chen Nianshing 等学者以学术论文为对象，利用数据挖掘

---

① Klink S，DENGELA，KIENINGERT. Rule Based document structure understanding with a fuzzy combination of layout and textual features［J］. Journal on Document Analysis and Recognition，2001，4（1）：18－25.

② Norm Krislin. On the Dublin Core Front：Those who can，teach：an interview with Jane Greenberg［J］. OCLC Systems and Services，2004（20）7，4：148－151.

③ Suarez O S，Carreras Riudavets F J，Figueroa Z H. Integration of an XML Electronic Dictionary with Linguistic Tools for Natural Language Processing［J］. Information Processing and Management，2007（4）：946－957.

④ Martnez－Gonzalez M，De La Fuente P. Introducing Structure Management in Automatic Reference Resolution：An XML－Based Approach［J］. Information Processing and Management，2007（6）：1808－1832.

技术，自动构建了 e－learning 领域的概念地图，以期刊和会议论文为数据源，分析 e－learning 领域概念间的相互关系，挖掘该领域的重要知识。①

刘晓东认为数据挖掘技术中的文本挖掘能够显著提高检索质量，对概念检索与模糊检索等提供支持，也能够支持查新咨询的应用，通过网络信息的挖掘、序化和应用找到用户所需的文献信息。②

李志明等列举了"数据挖掘技术在图书馆信息采集、咨询服务、个性化服务、读者导读、书库管理、数字图书馆建设中的应用"③。

（6）语义网技术

语义网的应用标志着信息组织由传统范式向数字化范式的转型，其基本思想是在网络环境下构造一个序化的、便捷的知识共享空间。

Kim S. K. 结合 Web 本体特点分析了语义网应用，建立了基于推理的 Web 本体，并验证其推理机制，生成新的本体。④ Kim D. S. 等学者提出了一种新方法来分析基于语境模型的形

---

①　Chen Nianshing，Kinshuk，Wei Chunwang. Mining E－Learning Domain Concept Map from Academic Articles ［J］. Computers&Education，2008（3）：1009－1021.

②　刘晓东. 数据挖掘在图书馆工作中的应用 ［J］. 情报杂志，2005（8）：63－65.

③　李志明，胡森树. 数据挖掘及其在现代图书馆中的应用 ［J］. 图书馆学研究，2006（6）：22－24.

④　Kim S K. Implementation of Web Ontology for Semantic Web Application ［C］. Proceedings of the Sixth International Conference on Advanced Language Processing and Web Information Technology. Washington：IEEE Computer Society，2007.

式概念分析的本体,① 并建立了一种新的工具用于从网络本体语言（Web Ontology Language，OWL）源码中抽取主要的元素，发现了一些结构性的问题。

（7）网格技术

网格是广泛联结网络资源的一种新兴技术。它允许用户透明地使用计算与存储等网络资源。②

Chen Liming 通过分析网格计算的特性对分布式环境中知识组织特征加以探讨，注重体现其新特点。同时，采用网格算法将这知识构建在一起，形成知识网格体系。该体系能够有效地组织信息，向用户提供高效、快速、简便的服务。③

韩毅、黄微将网格计算的研究成果与数字图书馆环境中数字资源语义互联研究结合起来，提出语义网格环境下数字图书馆的概念模型，探讨了之中的关键技术与服务，构建了基于语义网格的数字图书馆知识组织模型。④

以上信息技术可以在科技文献信息的数字化标引、揭示、存储、传递、检索、集成、服务和安全性保障中发挥重要的作用，为本文的研究提供了坚实的技术支持。

通过上文对当前国内外相关理论和技术应用研究的分析，可以发现科技文献信息开发利用与服务模式相关研究具有如下特点：

---

① Kim D S, Hwang S H, Gee H. Concept Analysis of OWL Ontology Based on the Context Family Model [C]. Proceedings of Convergence Information Technology. Washington：IEEE Computer Society，2007.

② Foster I, Kesselman C. The grid：blueprint for a new computing infrastructure [M]. San Francisco, CA, USA：Morgan Kaufmann Publishers Inc，1998：55—56.

③ Chen Liming, Shadbolt N R, Goble C A. A Semantic Web—Based Approach to Knowledge Management for Grid Applications [J]. IEEE Transactions on Knowledge and Data Engineering，2007（2）：283—296.

④ 韩毅，黄微，崔春. 语义网格环境下数字图书馆知识组织模型构建研究 [J]. 图书情报工作，2007，（8）：15—20.

（1）与信息技术的发展紧密关联

在信息技术全面普及之前，科技文献相关研究大多集中于文献计量、传统手段检索、检索卡片编制等理论性、小众化的主题，制约了研究的实践价值。随着信息技术的进步和深入应用，学者们开始关注科技文献资源基于网络的共建共享、数字化建设与利用、信息服务、知识服务等主题，打开了科技文献广泛利用的大门，探寻科技文献价值实现的基础。而且随着技术的发展，开始有越来越多的研究关注于特定技术的应用。

（2）从传统环境到数字环境的过渡性

上世纪 90 年代以前的相关论文全部以传统纸质环境为研究背景，从 90 年代开始，数字环境下的研究逐渐兴起，进入 21 世纪后则以数字环境下研究为主，针对纸质文献的研究为辅。这种情况一方面反映了数字信息技术的应用历程；另一方面也是由现行的文献双轨制保存政策所决定的。因此，现阶段的研究重点应是在保证纸质文献物理安全的情况下展开广泛的数字化科技文献开发利用，并且在开发利用过程中保障其信息安全。

（3）同质重复现象突出

学科研究热点的形成需要大量研究文献作为支撑，但就某一主题多篇文献反复重申相同或相似的观点、策略或手段等，则会使研究趋于同质化，造成科研资源的浪费和研究主题难以深入的问题，使得研究热点陷入瓶颈，难以取得突破。在科技文献开发利用研究发展过程中，文献的检索、共建共享、服务平台等主题下都出现了较严重的同质重复现象，应该在今后的研究中引起警觉并加以避免。

（4）研究连续性缺乏

深入、持续的研究对于真理的探寻和创新性研究成果的取得至关重要。但纵观科技文献开发利用研究领域，虽然在时间上具备一定的历时延续性，但研究方向和主题过于多变，甚至显得零散，未能形成集约的研究力量，所以各个方向上的研究都显得不够深入，不够具体，缺乏实践可操作性，难以产生有效的学术影响力。致使研究在多样繁荣的同时，模糊了焦点。

（5）科技文献特点未能有效突出

科技文献种类繁多，包括期刊文献、图书出版物、专利、会议文献、科技报告等。但在相关研究中，尤其是国内的研究，很少有针对特定科技文献种类的研究展开，而大多选择将其作为一个整体，并以期刊文献为代表来进行论述。实际上，每一个科技文献的下位类都具有其自身的特点，也正是这些特点成就了科技文献这一独特的文献类型。因此，放弃对各个特定类型科技文献的研究就等于放弃了科技文献的自身特点。

同时，当前的研究也体现出如下趋势：

（1）重视资源整合

网络技术及数据库技术的发展打破了时空界限，将世界范围内的科技文献资源呈现在开发人员和用户眼前。因此，数字环境下的科技文献开发利用具备了资源整合的条件，允许把不同地区的专利文献甚至把专利文献、会议文献连同标准文献等一同纳入开发范围，实行资源的整合开发。

（2）重视技术应用

以前由于技术手段的缺乏，开发工作主要靠人工完成。而在数字环境下元数据技术、知识仓库技术与数据挖掘技术等的应用为我们提供了有力的开发工具。也允许开发人员不断深入探索，提高开发效率，加深开发层次，产出更有价值的成果提供利用。

（3）重视服务质量

数字环境下科技文献的开发利用不再仅仅关注文献资源本身，而是体现了以人为本的现代思想。提倡提供全方位、多层次的优质服务，开始关注用户需求，在技术应用的同时，也重视人在开发利用各个环节中关键作用的发挥，以主动性的服务提供利用。

（4）重视可操作性

重视理论研究的可重复性、可转化性与可操作性是科学研究的重要品格。对科技文献信息的开发利用研究也不例外。目前文献信息资源的开发利用途径与方法过于空洞，导致科技文献处于一种静待老化的"休眠"状态，只有通过切实可行的开发才能帮助将科技文献研究应用于实处，也同时为用户的利用行为做出清晰的示范。使理论研究具有现实意义。

（5）重视特点的体现

一方面，在未来的研究中要注重对科技文献开发利用保密性、多样性和灰色属性的全面保障和满足；另一方面，在开发内容上，也应突出科技文献的学术性、技术性和专业性特点，研究其促进科研、促进创新和促进生产作用的发挥。

5. 实践进展述评

在明晰理论研究现状的基础上还需要对科技文献开发利用的实践现状加以调查，以掌握第一手的资料，有助于本研究发现目前科技文献开发利用中的不足之处，做到有的放矢，少走弯路，为进一步的深入研究提供借鉴与指导。本研究拟分别从开发和利用两个方面进行现状调查。

（1）开发与服务现状

本研究主要通过网站访问的方式，对数字环境下国内外科技文献信息开发与服务情况展开调查统计。

①国内情况。我国在科技文献开发利用方面进行了多年的尝试和探索，并取得了一定成绩，具体可分为国家和地方两个层面。2000 年 6 月，科技部会同经贸委、农业部、卫生部和中国科学院组建虚拟式国家科技图书文献中心，开始国家科技文献共享平台的建设。此后，各省市也陆续开始地方科技文献共享平台的建设。2004 年以来，在国家政策的引导下，我国 23 个省份，5 个自治区，4 个直辖市均设立了省级科技文献共享平台。截至 2010 年底，已经基本形成以中科院国家科学图书馆为核心、以地区和行业文献服务机构为补充的共建共享的国家科技文献保障和服务体系。

其中，中科院国家科学图书馆于 2006 年 3 月由中国科学院所属的文献情报中心、资源环境科学信息中心、成都文献情报中心和武汉文献情报中心四个机构整合而成。总馆设在北京，下设兰州、成都、武汉三个二级法人分馆，并依托若干研究所（校）建立特色分馆。依托网络提供高速、便捷的科技信息服务。

资源建设方面，中科院国家科学图书馆开通包括外文期刊全文数据库、文摘数据库、引文数据库、事实数据库、西文学位论文全文数据库、中文科技期刊数据库、中文电子图书库、科学文献数据库等 30 个数据库。覆盖了 2863 种核心期刊，6409 种西文会议录。内容涉及数学、物理、化学、生命科学、社会科学、天文学、电气与电子学、计算机科学等领域。此外，该馆链接 Science 网络期刊并提供 DOAJ、Free Full Text、Highwire 和 BioMed 4 种外文网络全文科技期刊库。用户可通过网站查找图书、期刊、数据库、学位论文、专利、标准、会议文献、科技报告等多种文献资源。

服务提供方面，近年来中科院国家科学图书馆着眼于用户需求，勇于创新，开发了面向用户服务的网络参考咨询服务系统、期刊集成目录服务系统、馆际互借与原文传递服务系统、学科信息门户网站以及可让科研人员便携在身的"随易通"服务，使广大用户可以随时获得全球科技信息资源与服务。具体来讲，用户通过登录网站即可享受信息共享空间与学习空间、咨询馆员、文献传递与馆际互借、论文收引检索及评价、定题检索、科技查新、培训、展览与讲座、古籍及特藏文献服务、情报服务、院内档案查询及网络信息资源导航等一系列便捷而实用的服务内容。

总结来讲，中科院国家科学图书馆在进入知识创新工程的十年中得到了长足的发展，并取得了相当的成绩，已经在为科研用户的服务中发挥了作用。但与此同时，我们也应看到目前仍存有的一些问题。如对信息资源与知识的深层次挖掘还不够充分、各成员单位间的协调合作水平还有待提高、与其他信息资源服务主体的合作还比较缺乏等，这些问题都可能成为制约其未来发展的主要障碍。

中科院国家科学图书馆作为国家层面的科技文献信息资源保障面向用户覆盖面广，但针对性难免有所降低。另外，它反映了国家对于科技文献资源建设与利用服务的投入重视程度和建设水平，但却不能全面体现我国总体科技文献事业的实践发展情况。

因此，本研究接下来重点对国内各省、自治区及直辖市的科技文献共享平台建设情况进行调查，结合文献调研进行总结分析，掌握我国地方科技文献共享平台的建设和运行情况，为本研究的进一步展开提供现实基础。

自2000年全国范围内启动地方科技文献共享平台建设起，历经10余年的努力，已经形成一批具有一定规模的科技文献数据库。较具代表性的成果有：天津科技文献中心资源导航系统数据量达到10TB。[①] 重庆科技文献资源共享平台整合了包括图书、期刊论文、会议论文、学位论文、专利、标准、年鉴、报纸、法律法规、科技成果等多种文献类型记录近2.6亿条。[②] 上海市文献资共建共享协作网拥有6200余种中文期刊，共计1947284篇。[③] 山西省科技文献资源平台数字化资源涵盖中文8个大类100多个学科5500余种核心期刊、中外学位论文、会议论文、中外标准、科技成果文摘、专利文摘等合计2419万条（篇），数据总容量达到14.3TB。[④] 浙江省科技文献共建共享平台资源总量达到3456万余条。[⑤] 贵州省科技文献共享平台数据储存量达15TB。[⑥] 这些资源大多以数据库的形式保存，而在数字化环境

---

①　天津科技文献中心. [2012-04-15]. http：//www. linkinfo. com. cn/.

②　重庆科技文献资源共享平台. [2012-04-15]. http：//www. cqkjwx. net/.

③　上海市文献资源共建共享协作网. [2012-04-15]. http：//www. libnet. sh. cn/newsirn/.

④　山西省科技文献资源平台. [2012-04-15]. http：//211.82.8.232/.

⑤　浙江省科技文献共建共享平台. [2012-04-15]. http：//www. kjwx. zj. cn/.

⑥　贵州省科技文献共享平台. [2012-04-15]. http：//kwg. gznu. cn/.

下，数据库也成为各个文献共享平台提供信息服务的主要资源组织形式。

在地方科技文献共享平台拥有的数据库当中，全文数据库是一种存贮文献全文或其中主要部分的源数据库。主要指各种图书、期刊、法律条文及案例、新闻报道以及百科全书、手册与年鉴等全部文字或原著的全部内容，被转换成计算机可读的形式。它将二次文献的检索同原文献的获取融为一体，用户可以从中直接查到所需文献全文及字句、章节等相关信息，不需再去查阅原文。从网站分析发现，有 7 个地方科技文献共享平台网站给出了全文数据库，如图 2.4 所示，其中四川省科技文献共享平台的全文数据库数量最多，为 138 个,[①] 7 个地方科技文献共享平台共有全文数据库 185 个，平均每个文献共享平台有全文数据库26 个。

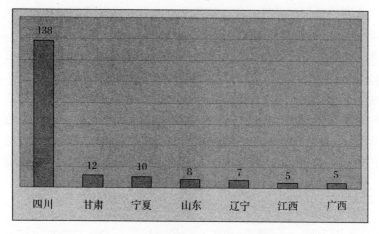

图 2.4　科技文献全文数据库分布图

文摘数据库属于目录型数据库，主要对论文题录、文摘等书目线索进行存储，也称二次文献数据库。通过调查发现，有 8 个

---

① 四川省科技文献共享平台. [2012—04—15]. http：//www. scstl. org/.

地方科技文献共享平台网站提供了文摘数据库，如图 2.5 所示，其中甘肃省科技文献共享平台的文摘数据库数量最多为 96 个，[①]8 个地方科技文献共享平台共有文摘数据库 287 个，平均每个文献共享平台拥有文摘数据库约 35.9 个。

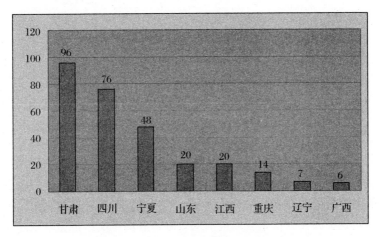

图 2.5　科技文献文摘数据库分布图

联合目录数据库也属于一种目录型数据库，主要负责图书题录的保存。从网站分析发现，有 14 个地方科技文献共享平台提供联合目录数据库，如图 2.6 所示，其中安徽省、浙江省、广西壮族自治区和天津市科技文献共享平台的联合目录数据库数量并列最多为 5 个，14 个地方科技文献共享平台共有联合目录数据库 37 个，平均每个文献共享平台有联合目录数据库 2.6 个。

---

①　甘肃省科技文献共享平台. ［2012－04－15］. http：//www. gsstd. cn/.

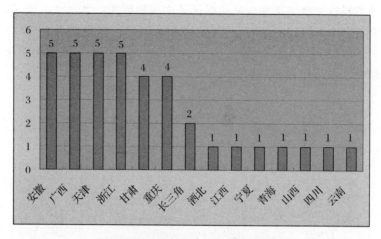

图 2.6　科技文献联合目录数据库分布图

　　这些数据库资源大多来自于成员馆的馆藏目录，或者一些其他中外文图书期刊的目录数据库。通过对这些数据库的利用，能够达到扩大文献检索获取范围的效果，有助于文献传递及馆际互借等服务的实施。

　　当今的科技交流具有国际化的趋势，所以多语种数据库的建设也成了地方科技文献平台的重要内容之一。对于中文数据库而言，各平台的收录状况较好。28 个地方科技文献共享平台网站均建设有中文数据库。对于主要的中文数据库，各个地方科技文献共享平台基本都有购买。如图 2.7 所示，其中 24 个地方科技文献共享平台购买了维普中文数据库，有 22 个地方科技文献共享平台购买万方数据库，有 15 个地方科技文献共享平台购买CNKI 数据库。

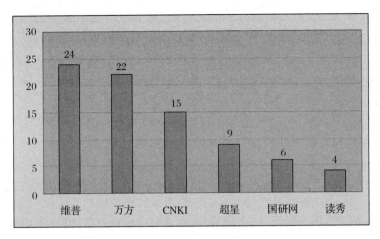

图 2.7 中文数据库种类分布

　　在外文数据库建设方面，各个地方科技文献共享平台也都能够提供一定数量的保障。具体来说，有 14 个地方科技文献共享平台提供外文数据库，如表 2.1 所示，其中四川省科技文献共享平台的外文数据库数量最多为 162 个，14 个地方科技文献共享平台共有外文数据库 320 个，平均每个地方科技文献共享平台有外文数据库 22.9 个。

表 2.1　　　　　　　　　　外文数据库种类分布

省份	外文数据库数量	外文数据库代表
天津	14	CA，EBSCOhost，SCI，DOAJ 等
重庆	72	SCI，EI，ACM 等
上海	7	DOAJ，PubMed 等
辽宁	6	SCI，EI，Springer Link 等
河南	4	ACM，Digital Library 等
山东	6	Springer，BioMed 等
安徽	7	EBSCOhost，DOAJ，Springer Link 等
江西	5	Springer Link，Wiley，ACM 等

省份	外文数据库数量	外文数据库代表
浙江	13	Proquest，Web of Knowledge 等
福建	3	EBSCOhost 等
广东	7	Springer Link，Wiley 等
四川	162	Springer Link，EI 等
湖北	7	Springer Link，Wiley，IOP 等
甘肃	7	Springer Link，CAS 等

各个地方科技文献共享平台购买的外文数据库具体情况有所不同。但各种科研单位所常用的主要数据库一般都有提供，例如SCI、EI、DOAJ、Springer Link、CA、EBSCOhost、MEDLINE 等。但从整体上看，一方面由于外文数据库的价格比较高，导致购买的外文数据库数量相对不足；另一方面外文数据库的语种集中在英文数据库，其他语种的数据库寥寥无几。

从中外文数据库的拥有情况可以看出我国地方科技文献共享平台资源在文献类型上，涵盖了科技期刊、学位论文、会议论文、标准文献、专利文献、科技成果、法律法规、图书等多种资源。从数据类型上，包含了全文、文摘、题录。从文种上，包括了中文和外文资源。可以说为科技文献信息进一步的开发利用打下了良好的资源基础。中文数据库方面，维普的提供率最高，其次是万方和CNKI。外文数据库方面，除四川和重庆的外文数据库较多，有 1/3 左右的地方科技文献共享平台由于经费的限制或用户使用情况，基本没有采购外文数据库资源。

特色数据库是指依托馆藏信息资源，针对用户的信息需求，对某一学科或某一专题的信息进行收集、分析、评价、处理、存储，并按照一定标准和规范将其数字化，以满足用户个性化需求

的信息资源库。① 在特色数据库方面，地方科技文献共享平台的
建设情况各有不同，多数关注于当地的经济发展以及重点产业的
建设等内容。有 18 个地方平台提供特色数据库，如图 2.8 所示，
其中四川省科技文献共享平台的特色数据库数量最多为 37 个，
18 个地方科技文献共享平台共有特色数据库 244 个，平均每个
地方科技文献共享平台 13.6 个。

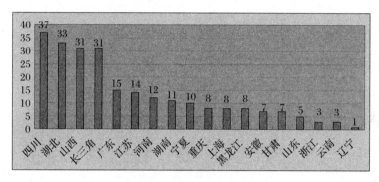

图 2.8　特色数据库分布图

对于主要的特色数据库而言，各个地方科技文献共享平台建
设情况如表 2.2 所示。

表 2.2　　　　　　　　　　特色数据库种类

省份	自建特色数据库代表
四川	四川省科技进步奖励项目、科技成果选编数据库、南充市实用技术培训数据库等
湖北	传统验方数据库、传统医药成果数据库等
山西	山西农业生物专题图书目录、山西晋商研究论文库等
长三角	纳米材料专题数据库、江苏省地道中药材数据库等

① 李敏，王凭，白凯. 高校图书馆特色数据库建设难点与实践 [J]. 情报杂志，2007 (11)：134－135，138.

省份	自建特色数据库代表
广东	广州科技成果数据库、广东省医学科研立项课题数据库等
河南	黄河档案馆科技报告全文库、黄河档案馆水利古籍期刊等
湖南	湖南省高新技术企业数据库、湖南省高新技术产品数据库等
宁夏	宁夏压砂瓜专题数据库、宁夏羊绒产业数据库等
重庆	教育科学专题数据库、农业经济管理专题数据库等
上海	卫生技术评估科学数据主体数据库、中国化学文献学科专题数据库等
黑龙江	俄罗斯科技信息数据库、国外科技发展动态数据库等
安徽	安徽省科技成果数据库、农业病虫害图文知识库等
甘肃	科技成果数据库、多媒体课件数据库等
山东	山东省科技项目计划库、产品参数库等
浙江	浙江省水利档案数据库、考试学校资料库等
辽宁	高新农业数据库

这些特色资源能够非常好地满足相关领域用户的需求，构成了各地方科技文献共享平台核心竞争力的重要组成部分。但其中也存有缺陷，例如有的地方科技文献平台特色不足，将一些基本的书目目录库、学科导航库、学位论文库、音视频资源库等属于基本数据库的内容归类为特色库，而且各个特色库还存在基本结构混乱、类目庞杂、类目与类目之间缺乏内在联系等问题。

比较各科技文献平台发展情况，东部经济发达地区，地方政府支持力度大，各成员单位参与共建共享服务积极性相对较高，信息资源共享成效更为突出；中西部地区经济相对落后，文献信息服务机构资金及资源匮乏，信息资源共享服务开展起步晚，发展相对缓慢。

②国外情况。国外相关实践探索起步较早，主要开发成果体现于科技文献的共享方面。其较高的科技文献共享水平为其科研工作提供了充分的文献保障，有效地促进了科技进步与创新。其中以美国、英国和法国水平较高。

➤美国

OCLC（Online Computer Library Center）是世界范围内最具规模的共享网络，以书目信息为其主要内容，始建于 1967 年美国俄亥俄州 54 所高校图书馆成立的联机编目中心。① OCLC 属于非营利型机构，其目标是将全球的信息资源向普通公众提供利用，同时以降低信息获取成本为最终目的。提供传统文献和数字化原生文献的联合目录查询与数据库查询等多项服务。当前应用 First Search 可检索的数据库达到 80 多个，其中获取全文的文章超过 700 万篇；联机馆际互借，用户从联合目录中检索到所需信息资源后，可在所有成员馆中选择 1—5 个图书馆，发出借阅请求，获得文献传递等配套服务。②

美国的地区性数字文献资源共享以 Ohio Library and Information Network 为代表，该共享网络以提供图书文献信息为主，可覆盖俄亥俄全州。③ 它连接全州 74 所大学和学院图书馆，按合作协议进行采购，以联机编目和数字图书传递的方式，进行网内资源的联合开发与利用。Ohio LINK 采用董事会负责制，由执行主任通过图书馆顾问理事会和技术顾问理事会管理运作。理事会下又设 4 个常务委员会。Ohio LINK 主要依靠俄亥

① 李卓. OCLC 联机联合编目计划的新发展 [J]. 情报杂志，2005（1）：130—132.

② OCLC. [2012—04—15]. http：//www. oclc. org/asiapacific/zhcn/default. htm.

③ 王大可. Ohio LINK 的网络建设与信息资源共享 [J]. 现代图书情报技术，1999（6）：39—41.

俄州政府拨款获取资金,① 而且拨款详细指定用途。

➤英国

英国联合信息系统委员会（The Joint Information Systems Committee，JISC）建立了国家和地区两级信息资源共享联盟，为英国的科研与教育事业提供支持。该联盟可以提供馆际互借形式的文献实体共享、数据库形式的数字化信息资源共享、联合目录形式的书目共享、参考咨询等形式的服务共享、网络培训形式的管理资源共享以及人力和资金等的全方位资源共享，充分发挥了共享效率。同时积极应用各种信息技术拓宽资源共享的领域，提高服务提供的水平。

另外，英国政府从 1993 年开始启动了电子图书馆、人文科学研究特藏与电子资源共享 3 个项目为其高校文献信息资源共享提供保障。

➤法国

1988 年法国国家科技中心建立的 Questel 为法国科技信息中心,② 向万余家机构用户提供服务，具有世界一流的专利、商标、新闻等的信息服务能力。历经多年发展，与美国 Orbit （On－line Retrieval of Bibliographic Information Time－shared）系统联合建立的 Questel Orbit 以其丰富的数据库资源和软件服务能够提供全面而权威的知识产权信息服务，是世界上唯一能提供英语和法语双语服务的信息服务公司。③

③特点评述。通过对以上调查结果的分析，综合调研阶段对各科技文献共享平台的使用了解，本研究认为，当前科技文献的开发与服务现状具有如下特点：

---

① Peter W. Progress Stalls with New State Budget ［J］. OhioLINK Up－date，2001，7 （2）：1－4.

② Questel Orbit. ［2011－10－16］. http：//www. qpat. com/index. htm.

③ Questel Orbit 介绍 ［EB/OL］. ［2011－10－16］. http：//files. ciptc. org. cn/elms/upload/ course/ciptc/jian－sun/554. html.

➢重视科技文献信息资源建设

国内外开发利用科技文献信息资源的一系列努力取得了一定的成果，其中最为突出的就是逐步完善了数字化科技文献信息资源建设，在一定范围内、一定程度上实现了资源共享。对于综合性数据库的建设，则采用购买商业数据库二次文献数据源的手段。另外，在建设中同时能够注意到资源导航的重要性，为用户对共享系统的利用提供了便利。

➢重视特色数据库建设

这一特点在我国各地方科技文献共享平台中表现尤为突出。我国在实践中认为特色数据库是体现自身突出特点的窗口，带有区域色彩，也能够提供专业性的科技信息服务。

因此，建设特色数据库越来越受到科技文献服务单位的重视。从内容角度分析，各地着力于自己的区域优势产业相关文献库、专家库和成果库的建设。如新疆科技文献平台开发的新疆棉花文献数据库；西藏科技文献平台开发的藏医药业数据库；浙江省科技文献共建共享平台开发的海洋食品数据库等。特色数据库的建设与通用型数据库不同，它表现出显著的优势特点。但在具体实践当中也体现出了一些不足，如有的共享平台单纯以建库为目的，将一些特殊类型或载体的文献信息集中建库，反而失去了建设特色数据库的意义，使得信息的开发程度还处于相对较低的水平。

➢以常规服务为主

从服务提供的角度分析，当前一系列共享平台仍然以初级的常规服务为主。具体包括：以用户自助检索形式提供的文献信息获取、以文献传递形式提供的文献代查、借助网络通信工具提供的参考咨询等。虽然内容和形式较传统时期得到了较大的丰富，取得了一定进步，但仍囿于常规服务方式，未能突出科技文献的特点与价值。

➢科技文献整合不力

综观国内外科技文献共享平台，尚没有能力实现专利文献、标准文献、学位论文、科技报告、科技档案与产品样本等各类科技文献信息的完全整合。因此，从资源建设角度看，难免挂一漏万，难以形成互补和一加一大于二的整体效应；从用户利用角度看，各类资源的分散，增添了利用的难度，提高了文献获取门槛，损害了利用的便捷性。

（2）利用现状

为了对当前我国科技文献利用现状有一个清晰的认识，发现问题，了解用户需求与意愿，同时为本文的研究提供现实基础和数据支撑，笔者进行了科技文献利用现状调查。

①调查准备。笔者在大量文献调研的基础上，对科技文献及其利用有了理论上的理性认识。通过对大量科技文献共享平台的访问与电话访谈，对科技文献提供利用有了明确的感性认识。两相结合设计调查问卷并进行试答，发现问题后调整问卷问题，形成科技文献利用现状调查问卷终稿。（见附录）

本次调查因无法确定总体边界，故采用主观随机抽样的方式进行。主要通过电子邮件、QQ群、免费调查网站等网络途径发放调查问卷，通过多种渠道传递调查信息。本次调查共投放调查问卷 309 份，回收问卷 223 份，回收率为 72.2%。回收问卷中含有效问卷 213 份，有效率为 95.5%。

②调查数据统计。调查问卷显示，在 213 名受访者中学生所占人数最多（95 人，44.6%），其后是科研人员（44 人，20.7%）和企业人员（28 人，13.1%）。具体见图 2.9。

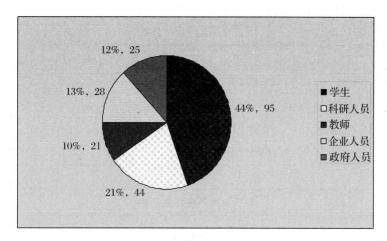

图 2.9 受访者身份分布

在受访人群中具有本科学历者所占比重最大（161 人，75.6％）。具体见图 2.10。

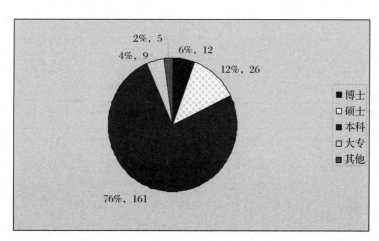

图 2.10 受访者学历分布

在问卷所列举的 8 种科技文献中，被用户了解程度最高的是学位论文，只有 7 人（占 3.3％）表示"不了解"及以下，具体见表 2.3。其次是科技档案，仅有 48 人（占 22.5％）表示"不了解"及以下,具体见表 2.4。

表 2.3 学位论文熟悉程度分布

文献类型	了解程度	人数	百分比（%）
学位论文	未曾听说	0	0
	不了解	7	3.3
	稍有了解	128	60.1
	比较了解	22	10.3
	熟悉	56	26.3

表 2.4 科技档案熟悉程度分布

文献类型	了解程度	人数	百分比（%）
科技档案	未曾听说	0	0
	不了解	48	22.5
	稍有了解	109	51.2
	比较了解	43	20.2
	熟悉	13	6.1

对于专利文献、标准文献、会议文献、科技报告和产品样本的了解程度,总结为表 2.5—表 2.9。

表 2.5 专利文献熟悉程度分布

文献类型	了解程度	人数	百分比（%）
专利文献	未曾听说	0	0
	不了解	154	72.3
	稍有了解	13	6.1
	比较了解	27	12.7
	熟悉	19	8.9

表 2.6　　　　　　标准文献熟悉程度分布

文献类型	了解程度	人数	百分比（%）
标准文献	未曾听说	0	0
	不了解	153	71.9
	稍有了解	28	13.1
	比较了解	23	10.8
	熟悉	9	4.2

表 2.7　　　　　　会议文献熟悉程度分布

文献类型	了解程度	人数	百分比（%）
会议文献	未曾听说	0	0
	不了解	131	61.5
	稍有了解	34	16
	比较了解	26	12.2
	熟悉	22	10.3

表 2.8　　　　　　科技报告熟悉程度分布

文献类型	了解程度	人数	百分比（%）
科技报告	未曾听说	156	73.2
	不了解	52	24.5
	稍有了解	2	0.9
	比较了解	2	0.9
	熟悉	1	0.5

表 2.9   **产品样本熟悉程度分布**

文献类型	了解程度	人数	百分比（%）
产品样本	未曾听说	179	84
	不了解	11	5.2
	稍有了解	18	8.5
	比较了解	2	0.9
	熟悉	3	1.4

在回收的 213 份有效问卷中，共有 208 人对科技文献了解渠道调查进行了作答。其中最为常见的渠道是"课堂学习"（172人，占 82.7%），这与受访对象中 44% 的学生比率和 96.7% 的学位论文了解率有关。其他渠道分布见图 2.11。

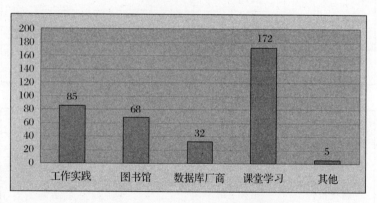

图 2.11　科技文献了解渠道分布

经统计，共有 103 人（占 48.4%）表示曾经利用过科技文献。其中最常利用的为"学位论文"（52 人，占 50.5%）。具体利用类型分布见图 2.12。

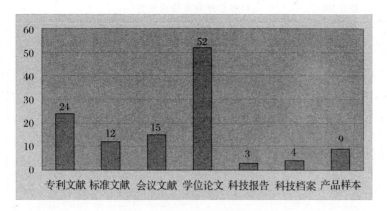

图 2.12　科技文献利用类型分布

在 103 位曾经利用过科技文献的受访者当中，有 96 人（占 93.2%）表示曾通过网络数据库完成利用。其余渠道如图 2.13 所示。

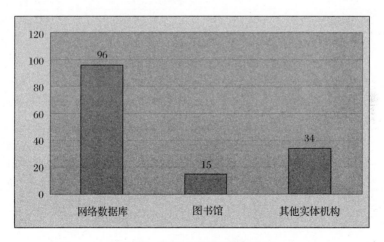

图 2.13　科技文献利用渠道分布

在有利用经历的受访者中都不同程度地遇到了利用障碍。其中以"资源过于分散"（101 人，占 98.1%）和"缺乏检索工具"（97 人，占 94.2%）最为突出。其余利用障碍如表 2.10 所示。

表 2.10   科技文献利用障碍分布

利用障碍	人数	百分比（%）
缺乏检索工具	97	94.2
全文获取困难	76	73.8
资源过于分散	101	98.1
费用过高	59	57.3
信息质量与时效性低	65	63.1
其他	4	3.9

经统计发现，100%的用户都表示了愿意了解和利用科技文献的意愿，其中用户最想了解的文献类型为"专利文献"（187人，占87.8%）。具体情况见表 2.11。

表 2.11   用户利用科技文献意愿分布

文献类型	专利文献	标准文献	会议文献	学位论文
利用意愿（人）	187	152	114	166
百分比（%）	87.8	71.4	53.5	77.9
文献类型	科技报告	科技档案	产品样本	
利用意愿（人）	109	158	163	
百分比（%）	51.2	74.2	76.5	

经统计，出于完成"工作或学习任务"的目的（198人，占92.9%）是当前人们利用或想要利用科技文献的最主要原因。其次是"科研需要"（107人，5占0.2%）。具体利用目的分布见表 2.12。

表 2.12　　　　　　　科技文献利用目的分布

利用目的	人数	百分比（％）
科研需要	107	50.2
教学需要	62	29.1
自我充实	64	30
工作/学习任务	198	92.9
其他	7	3.2

③调查结果分析。通过对上文调查结果的统计分析，可以得出有关我国当前科技文献利用现状的一些基本结论。

在用户构成方面，从既往利用数据结合受访者身份分析，在曾经有过科技文献利用经历的 103 人当中，科研人员占了绝大多数（44 人，43％），其次是学生（23 人，22％）和教师（21 人，20％）（见图 2.14）。当然，这一结果也受到了样本组成的影响，值得注意的是，虽然绝对数值较小，但在企业人员中有 46.4％的人曾经利用科技文献。结合利用目的统计数据，可以归纳出我国科技文献的主要利用群体：

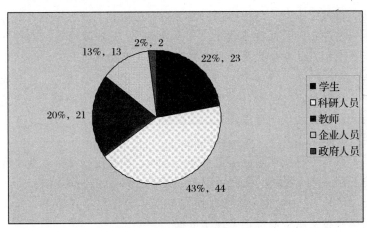

图 2.14　科技文献用户构成

为数最多的是科研教学人员，科研教学人员利用科技文献的目的是与其工作属性相关联的，一般是为解决生产、科研与教学中的具体问题或了解行业发展动态。然而，他们对科技文献的了解程度尚不深入，多数以一般了解为主（将在下文详述）。在查找过程中，普遍需要花费较多的时间，有着一定的难度。

其次是企业单位，目前大多数企业已经充分认识到在信息时代科技信息对企业技术创新和科技战略的重要意义，只有充分利用科技文献信息资源，才能在知识经济时代的竞争中赢得竞争优势。企业人员在进行技术引进与输出，投资决策及销售战略制定等行为中不可避免地需要科技文献的支持。

再次是学生群体，学生（尤其是理工类学生）的学习和自主研究需要从对科技文献的了解与利用起步。其原因之一是从科技文献的研读开始，着眼点先进而且准确，起步快捷。各种类型的科技文献都能对学生的学习或生活有所启迪，可资借鉴。对科技文献的查找与使用本身也是一个学习的过程，只要肯学习，肯钻研，成果的取得与科研的大门离每个人都不遥远，也并不神秘。

在用户对科技文献的认知程度方面，通过分析调查统计结果可以看出，受访者中绝大多数对于专利文献、标准文献、会议文献、科技报告和产品样本都缺乏了解，还有相当一大部分人群对于科技报告和产品样本表示"未曾听说"，了解度为零。即使在了解度稍好的学位论文和科技档案中，大多数人也只是"稍有了解"（分别占 60.1% 和 51.2%）。据此，可以得出结论，当前我国公众对科技文献十分缺乏了解，对各类科技文献的概念、价值与获取途径的认知程度还处于很低的水平。这也已经成为了制约科技文献利用的一个紧迫性问题。

在利用科技文献的渠道与障碍方面，根据统计结果，数字环境下用户对科技文献的利用首选渠道为网络数据库（96 人，93.2%）。这一数据为本文将研究范围界定在数字环境下，面向网络科技文献资源提供了现实依据。

对科技文献用户来说，资源过于分散（101 人，98.1%）和缺乏检索工具（97 人，94.2%）是造成其利用困难的主要障碍。其后是全文获取困难，信息质量与时效性低以及费用过高。这些问题是影响用户利用的症结所在，也是科技文献开发与服务中应重点解决的矛盾。

在用户的利用意愿方面，调查中全部用户均表示愿意了解和利用科技文献。可见，尽管当前我国公众对科技文献的总体认知程度较低，但具有高涨的利用热情。人们都已充分认识到知识经济时代科学技术的重要性，并由此开始重视科技文献的价值挖掘。但苦于缺乏有效、专业的指导，利用中又面临重重障碍，导致多数用户"望文而兴叹"。所以，公众的利用热情对数字环境下的科技文献开发利用提出了要求和期望，也为本文的研究提供了必要性保障。

二、相关理论

科技文献信息的开发利用研究涉及信息的共享、加工处理、利用服务等多方面的内容，前人的探索提供的一些相关理论能够为本研究提供指导和基础。

1. 信息资源共享理论

信息资源共享理论一直是指导信息资源共享实践的基本理论。

（1）信息资源共享理论的概念

信息资源最重要的特性就是其共享性，即在信息总量不受损失的条件下，信息可为多个接受者同时享有。具体来讲，信息的共享性一方面指同一信息可以在同一时间被多名用户共享；另一方面是说同一信息能够被不同时空的人共享。

美国图书馆界于 20 世纪 70 年代首倡"图书馆资源共享"的理念。我国图书馆界则于 20 世纪 90 年代将这一理念扩展为"文献资源共享"，主张将一定范围内的文献情报机构纳入到同一个网络中，各机构按照互惠互利、互通有无的原则共享文献资源。主要体现出文献资源布局上的整体性，利用上的协作性和开发上的广泛性的特点。文献资源共享的主要形式有协调采购、馆际互借、参考咨询以及编制联合目录等。

上世纪 90 年代后期，随着互联网与信息技术的日新月异，文献资源共享已经不能完全涵盖和指导实践活动了，于是产生了"信息资源共享"理论。

网络时代的信息资源共享是指在一定范围内（一个国家、一个地区、一个信息网络或几个互有协议的信息机构）将全部或部分的资源提供给特定的信息机构、用户或网络成员共享。

（2）信息资源共享的目标与原则

信息资源共享的目标是在最大限度上满足用户对信息资源的需求。可以将其概括为"5A 理论"，即：任何用户（Any user）在任何时候（Anytime）、任何地点（Anywhere），均可以获得任何图书馆（Any library）拥有的任何信息资源（Any information resource）。

信息资源共享理论的基本原则可以概括为以下几点：

①自愿原则。自愿是实现信息资源共享的前提。自愿原则是指信息资源共享的各参与主体在主观意愿和行为上的自觉、自主、自为和自律。

②平等原则。平等原则是指信息资源共享的各方参与主体，在共享体系当中都具有对等的责任、权利与义务。它是信息资源共享的基础原则。

③互惠原则。互惠原则是信息资源共享的根本原则。具体指参与各方在信息资源共享的活动中都可以获得平等的利益，并同时实现用户信息需求最大限度的满足。

（3）信息资源共享的模式

学界一般认为信息资源共享主要有三种模式，即集中式、层次式和网络式。

①集中型模式是指具有隶属关系的某系统（如某类型图书

馆）在各个层级间进行组织协调进而达成共享的模式。实践中一般将各个下级馆与中心馆相连，以便利用中心馆的信息资源。

②层次型模式一般用于同一地区内不同系统、不同类型图书馆间的资源共享，属于一种条块结合式的组织模式。实践中多以地区中心图书馆委员会为中心，下辖高校图书馆、公共图书馆和专业图书馆。

③网络型模式的特点是所有成员馆都可直接相互联结，相互使用彼此的信息资源。

在文献信息开发过程中，信息资源的共享的重要意义体现在两个方面：一是资源利用中实现合作共享能够提高信息服务的效率；另一方面是避免文献信息资源的重复开发，降低成本。事实上，信息资源共享的效率决定了信息资源优化配置的程度。

2. 信息增值理论

一般认为，信息的增值是伴随着信息运动过程而产生的变化，这种变化在质、量以及价值方面呈现出增加的趋势。该概念可以从三个方面来理解。首先是在质的层面，所谓信息的质，是指其效用和价值的大小程度，也可以理解为对用户需求的满足程度。其次是量的层面，所谓信息的量就是数量的概念，体现在生成、流转、加工或利用信息时信息量度的变化。最后是价值层面，该层面分为价值和使用价值，所谓信息的价值，是凝结在信息商品中的人类无差别的劳动，使用价值是指信息能满足人们的某种需要。信息可以只具有使用价值，其价值要由使用者去根据具体情况而定。信息的增值贯穿于信息活动的各个环节，可能无时不在发生，也正是因为信息具有增值性这一特点，使它得以在人类活动中不断创造更大的价值。

（1）信息增值理论的表达

英国情报学家布鲁克斯（B. C. Brooks）指出，信息是知识结构的重要成分，而且具有变更知识结构的能力，并将它们之间的关系归纳为以下方程：

$$K[S]+I=K[S+\triangle S]$$

式中 K [S] 代表一个信息系统的原始状态，K [S+△S] 则是该系统经过信息变更之后所处的状态。该方程实际上完成了对信息增值的基本表达。情报学界对这一方程做如下理解：系统 K [S] 摄入信息 I 后变更为 K [S+△S]。也就是说，信息的摄入同时造成了知识的增多，完成了增值过程。这就是所谓的增值效应，也是对信息增值理论的基本表达。

（2）信息的交流增值

在人们的社会活动中，信息的交流无处不在，它是指人们借助特定的一般也是规范的行为或符号来完成消息的传递或意思的表示的过程。信息交流之于人类社会有着巨大的作用，实际上，信息交流史上每一次重大的技术进步，必将带来相应的社会秩序的变革。

信息的交流会带来信息的增值，可以从以下几个方面进行理解：①伴随信息的交流，交流双方所占有的信息的总量逐步增加，但不超过总投入交换量。②信息的交流可以生成信息网络，前提是交流的参与者将其感情或气质等投入交流过程，并引发连锁反应。③信息交流能够迸发出启迪与灵感，将这些要素也投入到信息加工当中去，容易产出创新性信息。④信息交流引发的增值不仅作用于物理层面，更作用于信息层面，带给人们能力、素养的提升，价值巨大。⑤即使在信息交流后，其增值作用仍然可以延续，并通过人类思维中的发散、归纳等表现出来。

（3）信息的加工增值

信息加工是以信息的可理解为目的，以遴选、整序等为手段，作用于各种原始信息而使其达到序化的过程。信息的非物质性，决定了其加工要素的独特性，即加工过程中需要人类智力因素的投入。也唯有通过智力因素的投入才能通过加工完成信息向知识的转变，从而实现信息的增值。比如商务范畴内一般的原始统计数据无法为企业带来太多的助益，但将零散的信息加以集中，分析总结其中的内在联系、规律及发展趋势，则可能提供正确的战略决策，带来相对优势，从而提升企业获得实际效益的能力。所以，可以说，信息通过加工得到了提升，信息加工是信息实现增值的重要、常用且有效的手段。

（4）信息的交合增值

信息的交合是对信息进行分解再重组的过程，这一过程能够激发人的创造力与想象力。信息交合增值的基本条件是具有原始的信息以及通过分解信息所形成的信息场。场中的信息可以来自于同一系统，也可以来源于不同领域，它们在场中进行复杂的渗透与交融，通过不同类型的信息相交合能产生新的信息，不同联系的交合产生新的联系，从而完成信息的增值。这种信息增值也可以作用于信息的生产加工领域，带来更大、更多的增值。

3. 信息流模型

信息流模型是由英国著名情报学家费桑提出的。他认为：情报学的活动范围和研究领域是思想交流，而不是发送信号，即处在香农的信息论范围之外。在此范围内，活动所包含的变量有源、接受者、标引、信息、渠道和编码。[①]

其中编码是以物理事件形式（信号或符号）来表示的符号系统，用于表示对一个信息集所做的选择，所采用的物理事件形式在一定的社会和物理环境下与传播的物理方式和条件（即渠道）相一致。

信息集被定义为人们一致同意的、可以辨认的、确定的、个体的有限集合，源从其中做出选择。

源是在一定的环境内告知事情者，这是指被人们认可的或可以与其他人区别开来的出版者、发行者、机构或作者。这里的作者并不一定需要是真正的作者，也可以指在检索工具中分列在某个作者名下的作品。

---

① 靖继鹏，毕强. 情报学理论基础［M］. 长春：吉林科学技术出版社，1996.

接受者是在一定的环境下的被告知者或希望被告知者，他们必须是可以辨认的，一般是机构、职能部门、团体或个人。

对信息、源和接受者要给予一系列的标引，以根据所告知的内容来确定其特点，它们是具体的思想交流内容，这种内容不是笼统的，而是具体的、可操作的。

费桑进一步指出，在上述活动中高于文档组织、再生产以及其他非分析解释性工作层次的是文献报道工作。即读者不亲自直接去查找资料，而是将自己对于文献的特性的要求（比如作者、书目要求或文字、内容要求、主题、兴趣等）具体告知代理人员，委托代理人员进行查找，以将其信息分析工作减轻。换句话说，费桑认为文献报道是在涉及源、编码、渠道或标引几者之一或更多方面的情况下，将接受者与信息关联起来的方法（如图2.15）。

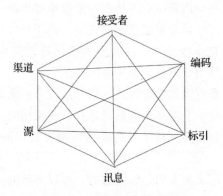

图 2.15　信息流模型六要素

如果文献报道不仅告知接受者关于信息的情况，而且还提供再生产或表达信息，那么此活动便起了信息流传达的作用。我们可以看到，费桑提出了一种十分形式化的关于信息流活动的理论框架和活动规范。

4. 信息构建理论

美国建筑师协会前主席 Wurman 基于物理空间的序化和信息的序化之间的类比联系，于 1975 年最先提出了信息构建（Information Architecture，IA）的概念。其核心思想是，通过类似于建筑设计过程的序化手段提升信息的可理解性与可控性，从而使人们不再迷失于信息海洋。其后该理论不断发展到 90 年代末期成为得到广泛推崇的一种信息组织和管理理论。

今天，信息构建被视为一门科学，更是一门艺术，它以人和信息的完美互动为目标，以设计、分析、执行、标识等为手段，以信息及其环境、空间和体系结构为研究对象，帮助人们满足信息需求，实现信息管理。

（1）理论核心内容

信息构建理论的核心内容是研究信息组织与信息呈现的方式，研究如何使信息能够以更易懂的方式清楚地呈现。在网络环境下，它同时关注信息检索与获取的便捷性，仍然以满足人们的信息需求为最终目标。

①信息组织

信息的组织方式是信息构建理论的重点研究内容，通过早期对物理空间构造的模仿，现在一般以图表的形式提供用户与信息的交互界面，尽管有时不够准确，但能够有效地协助用户对信息的理解和获取。

②信息标引

信息标引是进行信息组织、序化和加工的基本手段。网络环境下这一工作主要借助元数据来完成。因此，元数据对于信息的构建起着基础性的作用。

③信息导航

信息导航是保证信息可得可用的重要手段，只有通过信息导航才能达成信息构建的原始目标，即让人不致迷失在信息海洋当中。数字环境中，可以采用网站地图或页面索引等多种导航方式为用户提供全局或局部的信息导航。

④信息检索

信息构建对信息的检索给予高度的关注，查全率与查准率、检索结果的有序程度、检索界面的易用程度和检索的修正功能共同对信息检索的有效性起着决定性作用。

信息构建以满足用户信息需求为基本目标，以实现由信息到知识的升华为最高目标。所以该理论关注用户对信息的获取、理解、吸收和利用。因此，IA的核心思想是针对所有信息集合，化复杂为明晰，抽取本质模式，使信息可理解。

（2）信息构建的特点

以人为本是信息构建最大的特点。要想实现信息构建的目标，必须意识到用户需求的多样性和多变性。所以信息构建理论倡导关注个人、关注变化，满足用户个性化的信息需求而非一成不变地提供信息，并开始逐步引入管理学、软件工程甚至人种学等多学科的理论和方法来实现这一目标。

关注信息的表达是信息构建的第二大特点，也是信息构建的重点内容之一。信息表达的成功与否，适当与否直接关系到信息的可理解性。信息构建就是要为信息寻找合适的表达和展示的结构、方法与途径。该理论认为应综合考虑信息内容、用户特点、用户需求、技术手段等因素，同时积极沟通才能寻找到特定信息面向特定用户的最优表达方式。

（3）信息构建的目的

信息构建以满足用户信息需求为基本目标，以实现由信息到知识的升华为最高目标。因此，使信息可获得和可理解是实现目的的基本手段，不单单要为用户寻找到适当的信息，还要通过适当的展现形式引起用户与信息的交互。

总结起来，信息构建可以应用于一切信息集合，通过信息构建可以营造一个清晰、易懂、易得、易用的信息环境，这对于文献信息的开发利用至关重要。

5. 风险管理理论

风险管理理论从 20 世纪 30 年代就开始萌芽，直到 60 年代末期得到了迅速繁荣的机会。当时《企业的风险管理》与《风险管理与保险》两部著作的出版将风险管理理论的研究推向了高潮，作为一门科学而被广泛地接收。其科学地位一经确立即迅速发展，成为企业管理领域的重要理论。

早期的风险管理理论是在纯风险层面进行研究的，即研究那些能够造成直接损失的风险。但体现出宏观视角和整体性研究不足的缺陷，影响了风险控制的有效性。这在一定程度上限制了风险管理的发展。好在上世纪 80 年代开始，风险管理理论不再将自己限制在可能的经济损失方面，而是扩展到社会活动的各个领域中的不确定性。其核心思想也得到了进一步的广泛传播。人们的风险管理意识也不断增加，控制风险已经成为一项日常活动。

当下的风险管理已经成为控制风险的常规手段，最新的理论观点认为风险管理过程是风险评估和风险控制的总和。其中风险评估活动负责对可能产生风险的因素，即风险来源加以识别；风险控制活动则主要关注于风险的消除和控制。风险管理的核心任务即是从系统中诸多的不确定性出发，找到组织可接受的风险控制办法。

风险管理可使系统的主管者和运营者在安全措施的成本与资产价值之间寻求平衡，并最终通过对支持其使命的系统及数据进行保护而提高其使命能力。我国大力推行风险管理的总目标是：服务于国家信息化发展，促进信息安全保障体系的建设，提高信息系统的安全保障能力。

三、本章小结

本章对科技文献开发利用研究进行了综述，分别从科技文献开发利用相关概念研究、开发利用研究、服务模式研究和信息技术应用研究四个方面对当前国内外相关研究进行了梳理和总结，勾勒了目前学界的研究现状，为本文确立了研究空间。同时在当前研究特点评述的基础上对未来研究趋势加以预测，明确了本研究的深入方向。现状调查部分，以网站调研的方式对当前国内外数字化科技文献信息的开发现状加以调查，掌握当前的实践进展与不足之处；以问卷形式对科技文献的利用现状展开调查，了解用户组成、特点，对科技文献的认识以及用户利用各类科技文献的障碍、需求和意愿。然后对信息资源共享理论、信息增值理论、信息流模型、信息构建理论和风险管理理论进行了概要性的介绍，作为本文进一步深入研究的理论基础和指导。

第三章　数字环境下科技文献信息
开发利用的要素分析

通过对研究综述和现状调查的总结，可以发现科技文献的开发利用在传统时期与在数字环境下有很大不同。对这些差异加以分析可以明确数字环境下科技文献开发利用的诉求。

第一，信息资源整合。传统环境中科技文献信息资源以分散的形态散存于各个存储机构内，空间上、制度上、手段上的壁垒一同造成的结果就是科技文献开发渠道和利用渠道的双重狭窄。故而降低了科技文献开发利用的价值，限制了其应有的科技影响力，也为信息的开发和用户的利用造成了极大的不便。

网络技术及数据库技术的发展打破了时空界限，允许将世界范围内的科技文献资源呈现在开发人员和用户眼前。因此，数字环境下的科技文献开发利用具备了资源整合的条件，允许把不同地区的专利文献甚至把专利文献、会议文献连同标准文献等各类型的科技文献信息一同纳入共享范围，实行资源的整合开发与统一利用。

第二，信息技术应用。传统环境下对科技文献的开发利用主要是通过编制检索工具的方式来实现，即通过著录标引编制题录、简介、目录与索引等开发手段服务于前来查询的用户。其过程主要依靠人工对各个种类的科技文献进行收集、整理和评选，费时费力，效率低下，而且常常由于人工疏忽产生错误，影响利用效果。回顾我国早期关于科技文献开发利用的论述，能够看到大量有关"人才建设"、"设备条件"、"宣传推广"以及"培训讲座"方面的建议。而对于信息技术的发展却鲜有引介与关注。这一方面是由当时的现实条件和时代背景所决定的，另一方面也反映出我国科技文献开发利用对信息技术的应用缺乏敏感性的问题。

而在数字环境下，元数据技术、知识仓库技术与数据挖掘技术等的应用为我们提供了有力的开发工具。也允许开发人员不断深入探索，提高开发效率，加深开发层次，产出更有价值的成果提供利用。

第三，提升服务质量。传统环境下出于技术手段的缺乏，对科技文献的开发利用研究中常见"开展多样化服务"、"实现管理手段现代化"或"建立服务体系"这样的"口号式"策略，缺乏具体的实践指导意义。也使得对科技文献的服务工作始终停留在表面层次，未能深入。

数字环境下科技文献的开发利用不再仅仅关注文献资源本身，而是体现了以人为本的现代思想。提倡提供全方位、多层次的优质服务，开始关注用户需求，在技术应用的同时，也重视人在开发利用各个环节中关键作用的发挥，以主动性的服务提供利用。

第四，重视安全保障。科技文献的保密性与开发利用的现实需求一直以来都是科技文献信息开发利用工作中的一对主要矛盾。这一矛盾在数字环境下比之以往更加凸显。传统环境里通过严格的审批手续保证科技文献的信息安全，通过完善保存条件保证科技文献的物理安全。而数字环境下，由于大量科技文献信息的虚拟化、网络化使得其更加容易被篡改、窃取或破坏。一些原生的数字化科技文献信息由于缺少物理副本，从长期来看甚至面临完全不可读、不可用的风险。因此，数字环境下的科技文献开发利用不但比其他类型文献有着更多的安全性需求，而且就其自身而言，也比传统时期面临着更多、更大的风险，也就更加需要安全性的保障。

　　综上所述，数字环境下的科技文献信息开发利用在资源整合、信息技术应用、服务质量和安全保障方面较传统环境中有着很大差异，正是这些差异所体现出的复杂性反映了数字环境下科技文献信息开发利用比以往有更高的要求。

　　根据数字环境下科技文献信息开发利用的诉求，资源要素、技术要素、方法要素和风险要素是影响科技文献信息开发利用效果的关键因素（如图 3.1）。

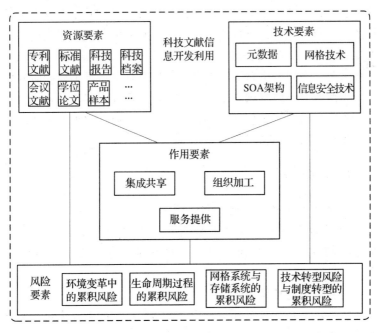

图 3.1　数字环境下科技文献信息开发利用要素

一、资源要素

资源是进行科技文献信息开发利用必不可少的基础，可以分为科技文献信息资源和实体资源。

通过前文的概念辨析我们知道，科技文献作为载有知识的一切载体，种类非常多样。一般认为包括科技图书、科技期刊、专利文献、标准文献、会议文献、学位论文、科技报告、科技档案和产品样本，这也是其来源复杂性的体现。对于其中前两类，科技图书与科技期刊，其性质特点与公开出版的普通图书及期刊并无显著差异，实际上它们作为普通图书及期刊文献的下位概念，已有大量学者对其进行了长期全面的研究，取得了丰硕的研究成果，因此本文不将其纳入重点研究内容，而重点关注其余类型科技文献资源的开发利用问题。具体来讲，本研究中重点关注的科技文献信息资源包括以下几类：

1. 专利文献

专利文献狭义上是指专利说明书、权利要求书、说明书附图、说明书摘要等；广义上是指各种专利申请文件、专利公报、专利分类表、专利索引、专利题录、专利文摘、专利证书等。

（1）专利文献的特点

第一，专利文献具有新颖性。大多数国家的专利法对专利的要求是在申请日以前，不允许有相同发明或实用新型公开发表过，同时也必须没有在国内外公开使用的历史或以任何别种方式为社会公众所了解，而且必须没有相同的发明或实用新型向专利局提出申请。因此，专利文献中承载的技术内容理论上是世界当时最新的技术成果。

第二，专利文献具有时效性。这是由专利的先申请制决定的，在施行这一制度的国家，发明者取得发明成果后，必定会第一时间申请专利。通过专利公报在最短的时间内将最新发明予以公布，所以，专利文献能够及时反映世界先进技术的水平和动态。

第三，专利文献具有广泛性。施行专利制度后，技术发明史上的各类创造，及其后的持续改进和完善，都能够在专利文献上有所反映。所以，专利文献内容具有广泛性的含义是指它囊括了每一个技术应用领域，其他任何文献类型都不能与其在内容涵盖范围之广上相提并论。

第四，专利文献具有法律性。专利文献在法律上的效力毋庸置疑，也是其区别于别种文献的主要特征之一。其法律信息主要来源于专利文献权利要求书和权利文献扉页中对专利权人、发明人、批准日期、申请日期、优先权日、权力要求等项目的说明上。在法律规定期限范围里，发明权人或专利权人拥有专利权，其他任何人均无权使用，可依据法律对侵权者追偿损失和责任。

第五，专利文献具有难懂性。文字繁琐且语句艰涩是专利文献最大缺陷。原因是申请人以取得更多保护为目的，主观上愿意使用法律意义下尽量广义的词汇来对具体的技术主题进行描述。例如，称自行车为交通工具或称钢笔为书写用具。

第六，专利文献格式统一。出于便于审查的目的，多数国家专利审核机构对专利申请说明书都有一定的格式要求。这种统一格式的要求对于发明内容的分析实际上提供了方便与帮助。

第七，专利文献具有局限性。许多国家实行一项发明对应一件专利的原则，意味着单份专利说明书仅能对一项发明加以描述，不一定能够囊括某一产品的全部设计、材料、测试和生产，想要了解全面的技术，则不得不查阅每个环节中的相应专利说明书。

（2）专利文献的价值

科技工作者在进行选题立项时，一般先要经过文献调查阶段，掌握课题相关信息以及相关技术进展。如果能够善于利用专利文献，就可以从专利技术中发现空白与不足，从而确定创新方向，避免人、财、物的浪费。据统计，美国因未善加利用专利文献，而失去研究课题开发价值所造成的损失，每年达 11 亿－13 亿美元，英国这一数据为 2000 万－3000 万英镑。① 具体来说，专利文献的价值体现在以下几点：

第一，利用专利文献有助于节约研发成本同时缩短研发时间。专利文献含有非常丰富的科技信息，而且由于专利信息是完全公开的，不设密级，可供广泛利用，为其他研究人员以某一技术为基础实施进一步的创新提供了条件。科研人员可通过专利文献了解某一技术领域国内外的发展历程及未来趋势，获取与之相关的技术信息，少走弯路。

第二，利用专利文献有助于技术创新。利用专利文献可以对国内范围甚至是世界范围内同类技术方法的发展状况加以了解，从而寻找到在现有技术基础上进行创新的突破点和突破方向。对于学术界的科研、企业界的产品研发等均具有非凡的意义。

第三，利用专利文献能够减少诉讼风险。企业在开发新产品前，可利用专利文献判断当前研发项目所涉及的技术是否存在同类专利，一来可考虑引进来避免重复开发，二来提前规避侵犯专利权的纠纷。

第四，利用专利文献有助于人才的发现与引进。专利的发明人一般来说是业界的优秀人才。所以，从人力资源管理的角度来看，通过专利文献可以帮助企业迅速找到所需的技术人员和创新人才，助力企业发展。

① 杨忠泰. 专利文献在技术创新中的作用与对策［J］. 科技、人才、市场，2000（5）：41－43.

最后，利用专利文献有利于技术引进和技术输出。若想取得技术引进的成功，必须对相关或同类技术具备全面的了解和掌握。而专利文献能够提供所需的技术信息。另外，借助对专利状态（如失效日期、优先国等）的了解，可以在技术引进当中占得先机。在技术输出方面，可通过专利文献了解进口国对于相关技术的需求和掌握情况，从而取得主动权。

（3）专利文献获取途径

国内外互联网上的专利数据库或专利审批机构的网站，是当前获取专利文献的主要途径。有些网站和数据库提供多种检索入口。

国内外主要的专利文献获取途径见表 3.1。

表 3.1　　　　　　　　　　　专利文献获取途径

国内	中国知识产权网	CNIPR 是我国比较权威的专利信息服务平台，收集专利较为全面。由国家知识产权局知识产权出版社主办
	中华人民共和国国家知识产权局网站	政府部门网站，收集的专利信息回溯性强
	中国专利信息网	该网站是我国起步较早的网上专利信息服务平台。由国家知识产权局主办
	国家科技图书文献中心・中外专利	于 2000 年 6 月建成，截至 2012 年 3 月 6 日，收录中国专利 2780062 件
	中国知网（CNKI）的《中国专利数据库》	分类明确，内容较丰富，回溯性强

续表

国外	美国专利及商标局（USPTO）	由美国政府牵头主办的非盈利性网站，能够提供美国专利与商标信息
	欧洲专利检索系统（espacent）	提供欧盟成员国专利信息的免费检索。具有 10 多年的发展历史
	日本专利局工业产权数字图书馆（IPDL）	免费提供日本专利与商标检索，由日本专利局主办

2. 标准文献

标准文献是由权威机构批准通过的，在固定范围内具有约束力和普适性的规范指导，其制定过程注重体现严谨性与科学性。

（1）标准文献的特点

标准文献具备以下特点：

第一，它具有较高的约束力和成熟性。标准的制定过程需要各有关单位协调商讨，最终达成共识，再报上级审核部门批准颁发，方可生效。因此，标准往往兼具理论与实践两方面的基础保障，具有很高的技术成熟度。标准或标准中的某些条款可以是强制性的，在所辖范围内要求全行业共同遵照执行，其约束力由国家行政机关加以保障。

第二，它具有特定的编制体例。标准文献在格式、编号和结构等方面均与别种科技文献有所不同。此外，《中国标准文献分类法》和《国际标准分类法》等为标准文献提供了自己的分类方法，所提供的标准分类号也是检索标准文献的重要途径。

第三，它具有有效期，随着时间的推移，可能会历经多次复审。标准的有效期也称期龄或标龄，是指从其生效日到经复审确定新的效力之间所经过的时间。我国规定国家标准实施满 5 年即需要复审，也就是说，国家标准的有效期是 5 年。

（2）标准文献的价值

第一，标准文献具有直接的经济价值。标准文献是指导实践的，其中蕴含的技术情报也是适于直接应用的。近些年，通过对标准文献的利用，很大程度上提升了我国出口产品在国际市场上的竞争力。

第二，标准文献具有明确可靠的参考价值。标准文献属于一种可靠的工程技术信息来源。工业强国的标准文献可以反映出其经济技术生产、加工工艺和标准化程度。相比于其他文献，标准文献具有更高的专指性，是全面了解发达国家工业发展情况的重要参考资料，同时能为我国工业发展规划、领导决策和预测的制定提供切实有效的指导。

第三，标准文献具有广泛的使用价值。标准文献的描述对象涵盖了社会生产的各个领域。它还同时具有明确的规范范围，所以可以说标准文献具有广泛的实际意义，既可具体到某种产品的处理，又可在理论分析当中加以应用，它不仅对各个行业具有现实规范指导意义，还能够充当充分发挥现有生产资料作用的关键因素。

（3）标准文献获取途径

标准文献一般利用标准编号、标准委员会名称及代号、出版日期等进行检索。国内外主要标准文献数据库如表3.2所示。

表3.2　　　　　　　　　　标准文献获取途径

国内	中国标准服务网	包含数据库资源丰富，涵盖我国各行业相关标准
	中国国家标准咨询网	提供国内外多地区、行业的相关标准检索
	中国标准出版社	中国标准出版社是出版发行国家标准、行业标准、国际标准及有关标准化读物的专业出版机构，隶属于国家质量监督检验检疫总局，是中国唯一以出版标准文本为主导业务的出版机构
	万方数据资源系统	能够提供国内外标准信息的检索作为其服务项目之一

国外	ISO （国际标准化组织）	历史悠久，覆盖范围广泛，具有世界公认的权威性
	IEC （国际电子委员会）	提供电子行业与电气行业的国际标准检索
	ITU （国际电信同盟）	提供信息通讯技术标准检索
	CEN （欧洲标准委员会）	提供欧洲地区标准，覆盖行业范围广

3. 会议文献

所谓会议文献，这里指学术会议会前、会中、会后围绕该会议出现的文献。严格地从文献类型说来，它包括征文启事、会议通知、会议日程、预印本、论文会前摘要、开幕词、会上讲话、报告、讨论记录、会议决议、闭幕词、会议录、汇编、论文集、讨论会报告、会议专刊等等。

（1）会议文献的特点

会议文献所具有的特点主要包括：

会议文献内容新颖。从生成目的的考量，会议文献是科研人员为了通报或推介其最新学术思想或研究成果而撰写的论文，而且，报道和介绍正在进行中的在研项目工作的会议论文也不占少数。也就是说，会议文献可以具有科研"中间报告"的性质。所以其内容通常能够反映当前先进学术水平或未来发展趋势。而且此类报告在研究工作没有完成前，是无法在其他期刊文献中看到的。

会议文献出版形式多样。目前并不存在会议文献出版形式的标准规定，一般采用以下几种：一是图书形式，当中可以有以会议专题为题名的单卷本，也可以有专门收录会议记录的丛书。二是期刊文献形式，可以用期刊的专辑形式出版，也可以采用特辑形式。除此之外，在会议文献本身范畴内，既可以出版会前的预印本，也可以正式出版会录，还可以只出版会议论文摘要。

会议文献名称复杂。会议文献的名称一般包含以下几个部分：会议主题、会议类型、会议召开的时间和地点、会议届次或年份、召开机构（包含主办单位、经办单位和组织者）以及会议文献的编撰体裁。由于其成分比较多，而且不具备统一的命名规则，造成了名称的复杂性。

会议文献比较专深。学术会议的举行一般统辖在某个主要议题之下，与会者一般是相关领域的专家，或是正在进行相关项目研究的科研人员。这些人对会议的议题历史及现状具有深入的认识和了解，展开讨论的层次也非常专深。因此，会议文献相对于其他种类文献信息来讲，内容更具专深性。

（2）会议文献的价值

会议文献作为众多文献资源的一种，其特殊性不仅在于它的出版形式特殊，重要的是在于它具有以下独到的价值。

第一，文献信息库价值。科学技术的快速发展，一方面导致学科的划分日益细致，分支学科与边缘学科不断涌现；另一方面学科之间的交叉渗透也更为明显。一项新技术的发明或新理论的问世，需要涉及许多相关学科的知识与技术。据统计，某专业领域的文献，在本专业期刊杂志上的发表量只有约 50%。① 因此，会议文献的功能更加凸显，用户可以通过查询会议文献所提供的信息，弥补文献信息的缺失，科技文献发挥了补充信息库的作用。

第二，科技导向价值。学术会议，尤其是各种国际性学术会议，一般能够汇集当下世界级的权威专家，这些专家提交的会议论文具有极高的学术价值，会议文献的信息流通也是迅速而大量的，其信息内容则更是目前该领域的最高水平的体现和最新动态的表达。借助会上交流，可以预测学科发展方向；通过会议文献，可以掌握科技发展脉搏，防止落后于世界发展潮流。因此，

---

① 余沛明. 西文科技会议文献利用之研究 [J]. 图书馆杂志，2000（5）：19－21.

会议文献能够充当了解其他国家科技发展水平的情报源。

（3）会议文献的获取途径

目前国内外会议文献的主要获取途径如表 3.3 所示：

表 3.3　　　　　　　会议文献获取途径

国内	万方《中国学术会议论文库》	收录各学科国家级学术会议的会议论文
	国家科技图书文献中心《中文会议论文库》	免费提供国家级与省级学术会议论文的查询。数据库的收藏重点为自然科学各专业领域，现有数据 47 万余条，年增加论文 4 万余篇
	上海图书馆会议资料数据库	仅提供上海地区学术会议论文的题名检索
国外	Conference Paper Index 数据库	由商业出版公司建立，数据量大，持续更新
	Web of Science Proceedings 数据库	由 ISI（科学信息研究所）编辑出版，需要购买才可使用。数据量大，更新频率快
	英国图书馆文献供应中心会议文献数据库	世界范围内数据量最大的会议论文题名数据库

4. 科技报告

科技报告是经考察、实验等研究过程而做出的对政策、技术或某学科主题的研究报告，是科学技术报告的统称。①

（1）科技报告的特点

科技报告的主要特点为：

第一，专一的告知性。科技报告具有明确的报送对象。它是科技工作者向主管单位或资助单位通报科研项目进展、经费使

---

① 邓要武. 科技报告、专利文献和标准文献资源检索与利用 [J]. 图书馆工作与研究，2008（7）：71－74.

用、研究成果或建议等的载体，并以此接受监督和检查；另一方面，也可以让其他研究者或合作者知晓研究成果的最新信息，以促进学术交流、加强技术合作。

第二，科技报告目的明确。首先，科技报告是对客观事实的真实记述，是对科学研究工作的真实客观的体现；其次，它在客观叙述部分，要求作者必须以事实为基础，通过综合与分析，发现事物生成和发展的规律性，并将其升华为理性认识（并不一定要求是具有创新性的论点）。

第三，科技报告具有保密要求。它一般在系统内部向委托方提交。有些科技报告的内容可能与国防安全或尖端科技成果有关，所以其中多数不会公开发表。即使有一少部分允许发表，但发表之前也必须对涉密的技术或数据等加以技术处理，以满足其保密性需求。

第四，科技报告时效迅速。科技报告是对最新科学研究成果的一种发布手段。其发布周期大大小于期刊等类型的科技文献，发布手续也非常简便，使其具有迅速的时效性，从而能够帮助其他学者了解科技发展的最新动态与水平。

第五，广泛的实用性。科技报告除了上述特性之外还能够发挥资料保存、情况交流和反映动态的作用，在实践当中具有独特的价值，所以是被科研人员重点关注的一种科技文献。

（2）科技报告的价值

第一，从其定义和特点上来看，科技报告无疑有着较高的学术价值。因为它是对某一专门研究或实验过程的客观反映与报道，而且内容具体而完整，是高质量的学术文献。所以，可以从科技报告的内容中了解某一学科主题的详细研究进展和真实发展动态。

第二，科技报告能够发挥先导性作用。科研工作者在进行科研的过程中，在尚未取得创新性成果的阶段，很难创作科技论文，但在这一阶段通过对该课题的钻研确有收获与心得，则可以先行撰写科技报告，或者也可以采用科技报告的形式将能够形成论文的研究成果尽快地迅速发布。也就是说，相比于期刊论文而言，科技报告在成果发布方面具有及时而广泛的先导作用。

第三，科技报告能够预示或揭示创新。鉴于科技报告的特点，它经常蕴含着有价值的科技信息，这些信息可能成为解决某一科学难题的关键或能够指引新的发明创造的出现。例如，1953年英国学者克拉克和美国学者沃森通过大量实验撰写的科技报告揭示了 DNA 的双螺旋结构，① 从而推动了分子生物学的发展，两位学者也因此荣获诺贝尔奖。

第四，科技报告具有确认科学发现、技术发明的优先权的功能。科技论文一般具有很长的出版周期，这一弊端可能导致一些科技发明或发现从产生到公布相隔时间较大，进而引发一些知识产权纠纷。科技报告以其时效迅速的特点，为研究者节省了发表周期所需的大量时间。只要内容在保密范围之外，便能够将研究所取得的成果及时发表。因此，科技报告能够确认研究成果取得的时间。

（3）科技报告的获取途径

科技报告属具有一定保密性、不易获取的文种，当前国内外获取科技报告的主要途径有（见表 3.4）：

表 3.4　　　　　　　科技报告主要获取途径

国内	国研报告数据库	该数据库创建于 1998 年 3 月，是目前国内唯一的"国务院发展研究中心调查研究报告"全文数据库，也是我国著名的专业性经济信息服务平台，以我国社会经济领域调研报告为主
	中国资讯行子库·商业报告	收录经济金融领域的研究报告
	中国航空信息网	收录航空领域科学研究报告
	北航科技报	来源于上世纪末北航科研人员撰写的科技报告

① 赵婷婷. 国外科技报告全文的获取途径 [J]. 科技信息，1999（13）：379.

国外	NTIS	收录美国政府研究项目报告
	Documents &. Reports of the World Bank Group	免费提供世界银行业研究报告全文信息
	Fed World	美国商务部 Fed World 信息网。回溯性强，数据量大，提供该部立项研究的科技报告
	Networked Computer Science Technical Reports Library	网络计算机技术科技报告图书馆。免费提供全球范围内计算机领域研究报告

5. 学位论文

学位论文是研究论文的一种，它也是毕业生在获取各级别学位前必须完成的研究工作的反映，体现着一名学生在经过一段时间的学习后所掌握的知识技能和所取得的研究成果，是进行答辩并获取学位的必要凭证。[①]

（1）学位论文的特点

第一，学位论文的成熟度高。学位论文的作者在入学考试时经过层层选拔，已被证明是优秀的人才，又有经国家专门评审委员会评审通过的学者或专家任指导教师，历时两年甚至三到四年完成，因此学位论文作为一种研究成果具有很高的品质保证。论文创作期间作者需经过大量的文献调研、实验、数据分析和与指导老师的反复研讨，这些严谨而细致的工作为学位论文更加增添了成熟度。

第二，学位论文的学术价值高。学位论文必须经过学位授予单位内外专家的评审、答辩才能通过。证明其内容具有充分的理

---

① 葛郁葱. 学位论文的特点及其检索方法 [J]. 现代情报，2003（9）：161－162.

论基础，严谨的研究过程，可靠的数据计算以及清晰的图表说明，而且其中经常出现极具学术价值的佳作。

第三，学位论文大多内容新颖，见解独创。学位论文的选题有很多来自国家级科研项目，如国家科学基金、各部委科学基金等，这些科研项目在立项时经过大量同行专家的评议论证，保证了其研究成果必定具有内容新颖性和观点的独创性，所探讨的多是前人很少或没有涉及的关键问题。

第四，学位论文具有情报价值。研究生在论文撰写过程中，一定会检索并阅读大量参考文献。在这个意义上理解，学位论文本身就具有一篇三次文献的特点，其中众多的数据、理论、方法或图表等都是高度密集且具有质量保证的情报，而且文后的参考文献也可以作为二次文献的情报来源。

第五，学位论文不易获取。学位论文是毕业生向学位授予单位提交的，不同于其他公开出版物可以广泛流传。所以多数的文献保藏机构并没有对学位论文做系统收藏。学位论文一般收集在有学位授予权的各大院校或研究所，其中仅少部分内容可能日后或已经通过其他科技文献形式发布。

（2）学位论文的价值

第一，学位论文具有学术价值。《中华人民共和国学位管理条例》中规定，高等学校和科研机构的研究生，需在本学科上掌握坚实的理论基础和系统的专门知识，并且还要具有独立从事科研工作的能力方可获得硕士学位；博士研究生需掌握本学科坚实宽广的基础理论，同时具有系统而深入的专门知识，具有能够独立从事科研工作的能力，并且做出创造性的成果才能获得博士学位。从博士及硕士研究生学位的授予条件分析，学位论文必定具有较高的学术价值。

第二，学位论文具有参考价值。学位论文是高校学生获得学位的依据，属于重要的科研信息源。所以，产出的学位论文能够为进行中的科研项目和论文撰写提供良好的参照。在研究过程中，需要查阅很多文献资料，立于前人成果基础之上加以创新。

选题及课题论证过程中，也必须了解是否有前人做过相似的研究工作，是否能够在他人的研究基础上产生创新，以避免重复研究。

第三，学位论文具有教育价值。学位论文在教育学、人才学等方面具有独特的重要价值。从教育学角度观察，学位论文的创作过程是学生在完成学业前最重要的文献检索与利用活动，通过这一实践，既能够锻炼学生检索利用文献的能力，也是一种对文献教育的检验。从人才学的视角来看，学位论文本身就能够验证人才素质水平，对于高级专门人才，信息素养，尤其是获取利用信息的意识和能力，是适应知识爆炸的信息社会不可或缺的基本技能。

（3）学位论文的获取途径

学位论文本身不易获取，但国内外通过多年的信息资源建设已经取得一定成果，目前能够提供的学位论文检索及获取途径为（表3.5）：

表 3.5　　　　　　　　　学位论文获取途径

国内	中国高等学校学位论文检索系统	能够提供 10 余所国内名校的学位论文，但总数据量有限
	中国学位论文书目库	收录从上世纪 80 年代起的自然科学硕博论文。每年新增加两万余条
	高校学位论文库园地	由 CALIS 主办，覆盖专业全，数据量大
国外	PQDD	PQDD （ Pro Quest Digital Dissertations），提供美国及欧洲的硕博论文文摘索引，来源广泛
	OCLC	通过 OCLC 的馆际互借可获取各国的学位论文。收录来自于世界范围内近万所图书馆中的学位论文，可通过馆际互借获取全文

6. 科技档案

科技档案是指在自然科学研究、生产技术、基本建设等活动中形成的应当归档保存的图纸、图表、文字材料、计算材料、照片、影片、录像、录音等科技文件材料。

（1）科技档案的特点

科技档案具有明显的科技性。科技档案最根本的特性就是科技性，它是人们在科技活动中形成的原始记录，其承载内容以科技知识为主，这也是科技档案区别于其他档案种类的特点。由于科技档案专业性强，不同学科领域间内容差异较大，许多图表、符号、标识、术语等也有着很大不同。

科技档案必须具有成套性。科技活动一般是以工程或项目的形式开展，每个项目活动必定会具有一定程序，如一个项目工程中的设计方案、可行性研究及修改补充直到后期施工，在执行程序的每一步过程中都要有相应的文件形成，而这些文件日后都会转化为科技档案。所以，科技档案自然具有成套性特点。

科技档案具有现实性。如实反映事实是科技档案的基本属性，也就决定了科技档案具有现实性。大部分科技档案，不仅能够发挥记述史实的作用，还具有反映现状的能力。如果所记述内容与事实不符，也就不成其为档案了。

科技档案具有复用性。许多科技档案（如地形勘探、国家颁布的标准化设计、水文地质等）都能够被大量重复利用，可以直接应用于新的科研项目中，对具有重要价值的科技档案提供数字化利用，既能够满足各项工程项目或科技活动的需要，也有利于科技档案价值的广泛实现。

（2）科技档案的价值

第一，科技档案具有使用价值。人类的劳动产品可分为两种：一是物质产品，二是精神产品（或称知识产品）。两者的属性和使用价值皆不相同，但也具有共同点，即它们都是人类的劳动产品，都是为了满足人类生产生活的需要并投入一定劳动而生产出来的。因此，它们都具有使用价值。科技档案的使用价值是针对其有用性而言的，在档案价值鉴定工作中，针对这种有用性的持续时间进行评估，从而确定其价值。

第二，科技档案具有原有价值。分析评价科技档案价值可以以马克思的劳动价值论为理论基础。该理论认为产品生产的社会必要劳动时间决定了商品的价值，这种价值也叫做物质产品的原有价值。科技档案作为一种物质产品载体，也属于物质产品。因此，科技档案具有原有价值。

第三，科技档案具有交换价值。如果科技档案的交流采取商品交换的形式，则它能够体现出此种价值形态。考虑到科技档案的特殊使用价值，它在交换过程中将会生成比原有价值更大的交换价值。

最后，科技档案具有增值价值。人们在经济活动中通过利用科技档案能够创造新的价值，这些价值不断累加，可能会超过科技档案的原有价值，即超过了在生产科技档案中所消耗的劳动。超过部分的价值，就是科技档案的价值增值部分。

（3）科技档案资源获取

科技档案一般散存于科研管理部门和科研团队中，各个科研机构、大专院校的档案馆、科技处也有收藏，分布较为凌乱，缺乏统一的利用获取渠道。因此也极大地制约了其利用。

7. 产品样本

产品样本文献是厂商为推销产品而制作的一种宣传工具，介绍产品的性能、用途、规格、结构等，并附有线路图或照片，产品样本的名目复杂，种类繁多，数量庞大。[①]

（1）产品样本的特点

产品样本所具的特点可以总结为（见表3.6）：

---

① 汪琳. 论产品样本的情报价值、定向收集与数字化加工 [J]. 图书馆论坛，2010（4）：147－149.

表 3.6　　　　　　　　　产品样本的特点

产品样本	直观易懂	多以实物图片配合说明文字的形式呈现
	成熟可靠	产品样本文献所反映的内容不是出于探索阶段的未成熟研究，而是已经转化为生产力的成果
	易得性	产品样本起到推广产品的作用，因此企业乐于向公众提供
	成本经济	企业所提供的产品样本绝大多数是免费的

（2）产品样本的价值

第一，产品样本文献是技术人员进行技术开发和新产品设计研究的重要依据。市场经济条件下，产品不会完全用来满足自我需求，而主要用于相互交换。竞争机制下，产品若想具有竞争优势就必须在技术上领先，做到性能优良、价格便宜、方便使用和外形美观，确保用户满意。欲达到以上目标，就必须对相似的产品，同行的技术等加以研究，在最优竞争产品上施以改造，得到更优的产品。产品样本文献恰恰能够提供产品信息，作为一个信息源是工程技术人员的重要参考材料。

第二，产品样本文献能够为营销人员提供有关生产厂家、代理商的生产能力、技术水平和销售能力等情报。营销人员在与同类产品的竞争中，必须充分了解对手，才能立于不败之地。产品样本能够帮助汇集这方面的信息。通过对产品样本的集中分析，不难掌握其他同类产品的各项技术指标，实践中可以出其不意，在变幻莫测的商场上占得先机。所以，产品样本是营销人员的重要向导。

第三，产品样本文献是用户的参谋。消费者在选择产品时，总是趋向最优的选择，因此不能只求一家。但用户不可能逐个了解每个生产厂商，试用每个商品。但是用户可以以产品样本提供的信息为参照作为选择依据，从而做出最后的购买决定。因此，产品样本可以发挥用户参谋的作用。

由于产品样本的形成者是企业，因此其来源与保存分布尤其凌乱。规格、质量、形式也有千差万别，因此目前尚无统一的检索利用途径。

以上类型多样的科技文献在数字环境下以信息形态存在，构成了科技文献信息开发利用的信息资源，而所谓实体资源，是指现有的计算机、存储设备、网络基础设施和科学实验室等在开发利用过程中可能应用到的各种设备。

二、技术要素

数字环境下的科技文献开发与利用离不开信息技术的支持，可以说技术要素在科技文献开发利用当中是不可或缺的，但同时，技术的选择、应用与更新换代也向科技文献开发利用的长期稳定提出了挑战。从纯技术的视角看，数字环境下的科技文献信息开发利用就是要构造一个安全稳定的数字信息资源存储、加工和提供灵活利用的系统。因此，本研究认为元数据技术、网格技术、SOA 架构和信息安全技术是科技文献信息开发利用需要应用的关键技术。

1. 元数据

元数据是数字时代应用最为广泛的信息资源组织、描述与揭示工具，进而可以作为科技文献信息开发利用的基础。概括起来讲，元数据是描述数据和数据本身所处环境的数据。所以，元数据对数字化文献信息资源来说，可以发挥出揭示、检索、管理、整合的多重作用。

元数据能够对文献信息资源的属性予以描述，赋予这些资源对象被识别、检索的基础条件。通过元数据能够跟踪资源在利用过程中发生的一切变化，对海量数据实现简单高效的管理，并且能为信息资源的一体化组织在网络化环境中的实现提供保证。

在数字化文献信息资源的采集和提取过程中，需要利用元数据对资源进行描述和标识，在数据转换、提炼和存储过程中，元

数据能够起到桥梁作用，在数据检索和利用过程中，元数据能够帮助用户快速、准确地获得数据。（如图3.2）

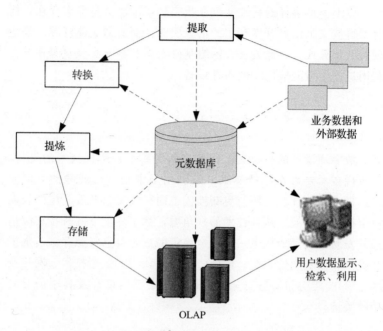

图 3.2　元数据在科技文献信息开发利用中的作用

具体来讲，元数据在数字化科技文献信息资源开发利用中可发挥如下作用：

①资源描述：一般由描述型元数据对文献信息资源的内容及属性特征加以描述。利用元数据可以完整地描述信息对象的全貌。

②信息检索：为用户进行信息发现提供支持，应用元数据通过对文献信息资源的描述为它们的检索打下良好的基础。元数据项著录越细致，检索入口就越丰富，结果就越准确。

③信息定位：元数据能够提供有关资源位置的信息，如DOI等。进而帮助管理者和用户迅速定位信息资源，获取所需信息。

④信息管理：数字信息资源的收集、保管、流转、处理直至提供利用过程中都需要管理型元数据的支持。

⑤资源评价：用户对数字信息资源的利用信息和利用反馈信息也以元数据形式保存，可基于利用效果对信息资源做出评价，并为资源组织提供参考，在一定程度上还能够帮助用户确定信息资源的质量，从而允许用户在不浏览信息全部内容的条件下，决定检出信息的重要性。

综观目前国内外尚无完整、全面的关于科技文献的元数据标准规范，这也成为制约数字环境下科技文献信息开发，造成"检索工具缺乏"等利用障碍的主要原因。可见，在数字环境下进行科技文献开发，首先需要标准的、描述力强的科技文献元数据规范。

2. 网格技术

科技文献资源种类不一，即使对于同一种科技文献，国内外也存有分布众多的数据库进行存储和提供，这些信息源在数字环境里以一个个"孤岛"的方式而存在，是造成用户利用调查中提出的"科技文献查找利用不便、资源过于分散"的根本原因。根据信息资源共享理论，信息管理工作的最终目标是任何人在任何时候、任何地点，均可从任一信息源获得任何信息资源。为此，必须针对科技文献种类繁多、生成分散、分布广泛的特点搭建起用户查找、获取和利用科技文献信息的统一平台。解决科技文献资源整合、共享与集中提供中的系统异构、数据海量、处理困难等问题。计算机科学与信息科学近年来的研究表明，网格——这一异构资源动态整合工具是完成该任务的有效手段。

目前，普遍为科研工作者所接受的网格概念，是 Ian Foster 表达的："网格是建构在互联网上的一组新兴技术，它融高速互联网、高性能计算机、大型数据库、传感器、远程设备等为一体，为科研工作者和普通公众提供多于普通互联网的资源、功能与交互。"① 互联网解决了跨时空通讯的问题，而网格则提升了人们利用全球范围内各类资源的能力。概括起来，它将整个互联网整合为一个超级计算机和海量的资源池，面向用户提供电力网般的"即插即用"式的便捷的资源利用方式。其根本目的在于消除资源孤岛，实现资源高度共享，使互联网资源得到充分的利用。

网格的本质并非机械的规模上的扩张，而是通过技术手段对互联网中各种软硬资源进行充分利用，支持关于数据、信息和知识资源的存储、共享与计算，从而达成网络资源的自增值。其目标是将空间上分布、系统上异构的各类资源通过高速互联网相连接，实现广域信息资源的分布共享。

网格技术以其分布共享的工作模式与强大的计算能力，在科学研究、电子政务、电子商务等领域具备重要的应用价值，其中科研领域一直是网格应用的重点，如生物信息学、地球物理学、医药学等已开始利用网格的计算能力进行问题求解。这说明网格技术已经是一种比较成熟的，并可以在科研领域作出贡献的应用技术。所以，网格能够将资源要素中提及的数量巨大且类型各异的科技文献信息资源和实体资源通过协同手段加以集成，从而生产出更多的效能，同时以应用服务的联合向用户输出高效的开发手段和良好的利用环境，向用户提供个性化的信息服务。

3. SOA 架构

数字环境下科技文献的开发利用需要满足多样的和多变的用户需求，这也就要求在服务提供的方式上要具有高度的灵活性，同时控制成本。SOA（Service－Oriented Architecture，SOA）

---

① Ian Foster. WHAT IS THE GRID? A THREE POINT CHECKLIST [EB/OL]. [2012－04－16]. http：//www. it. jcu. edu. au/Subjects/cp5170/2006－2/Tsv/resources/session1/What＿is＿the＿Grid. pdf.

架构是实现这一目标的合理选择。

SOA 是面向服务的架构。实际上，SOA 在图书馆学及情报学领域的应用性研究已经取得了一定的成绩。如外国学者麦克因托什在其设计开发的信息资源存取架构当中即采用 SOA 的方式加以实现。① 克里斯南等则应用 SOA 思想和技术于实践当中，完成了国家医药生物领域计算资源项目（NBCR）的架构。②

SOA 面向服务的本质特征在实践当中是由微服务来体现的。顾名思义，微服务是将服务整体分解而形成的细粒度的次级服务单位。每一个微服务仅负责整体服务当中最小的不可再分的一项工作。它们彼此之间的互联关系是松散的，以此赢得了更大的灵活性。简单来说，各微服务依照独立自治及潜在可复用等基本原则，通过微服务之间的组配来实现面向服务的灵活特征。类似于原子组成分子，不同的微服务组合方式就实现了不同的服务功能。当用户对当前服务系统的功能需求发生改变时，只需经过微服务的分解与重组，就能够以全新的方式满足用户需求。技术上，微服务将其程序封装于自己内部，同时留有对外的交互接口，极大地方便了分解和重组的过程。因为在这两组过程当中都不需要进行程序代码的重写，也不会引发不可预知的连锁反应，实现了对整个系统影响的最小化。

4. 信息安全技术

在开发利用数字化科技文献信息的同时也必然会给这些信息造成一定的安全隐患（将在风险要素中详述）。因此，需要应用多种信息安全技术来从技术层面提供保障，其中主要涉及的关键

---

① McIntosh R L. Open Source Tools for Distributed Device Control Within a Service－Oriented Architecture ［J］. Journal of the Association for Laboratory Automation，2004，9（6）：404－410.

② Krishnan S，Bhatia K. SOAs for Scientific Applications：Experiences and Challenges ［J］. Future Generation Computer Systems，2009，25（4）：466－473.

技术包括以下几种：

（1）加密技术

鉴于保密科技文献信息在传输过程中有可能遭遇到侵犯从而发生失密的风险，有必要采取加密技术，满足文献的保密性要求。加密技术把敏感数据转变成乱码进行传送，到达目的地后可以采用相同或不同的手段来还原。

加密涉及两个元素，即密钥和算法。密钥是用来对数据进行编码和解码的一种固定方式。算法是将文本与数字密钥相结合，进而生成不可读的密文的过程。应用密钥的特点决定了加密技术的种类，一般分为对称与非对称两种。

对私钥的单一性应用构成对称加密，即加密与解密应用同一密钥的算法。在对称加密中，数据的保密以信息交流双方在交流行为发生之前约定好的密钥为基础。而交流中科技文献的信息安全则系于密钥的保密。所有掌握密钥的人都有可能对此次通信中的数据进行解密，所以说，采用对称加密技术进行信息交流时对密钥的机密性有着很高的要求。此种方法所占用的计算资源较少，过程耗时短，能够满足一般性的保密需求。

文献信息双方对一组公钥和私钥的联合应用构成非对称加密。公开密钥与私有密钥成对出现。用公开密钥进行加密，只有用对应的私有密钥才能解密，反之亦然。在具体应用过程当中，甲方生成一对密钥并将其中的一把作为公钥向乙方公开，乙方使用该公钥进行加密后再向甲方发送密文，甲方再使用自己的私钥进行解密（如图3.3所示）。

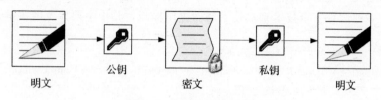

明文　　　　　公钥　　　　　密文　　　　　私钥　　　　　明文

图 3.3　非对称加密流程

非对称加密的保密性比较好，但加密和解密花费时间比较长、速度慢。加密技术可用于保障科技信息网格中文献的保密性要求，对抗各种失密风险。

（2）数字签名技术

数字签名技术能够鉴别信息来源、保证信息的完整性和不可否认性，一般来讲，可以对数字签名技术作如下理解：它是以非对称加密的方式来实现的，利用了公钥和私钥相互对应的特性。在文献信息的发送端以私钥加密，在接收端以相对的公钥解密。若解密成功，则实际上完成了对加密私钥的印证，确定了加密者的身份。

实践中数字签名的添加一般首先将需认证的信息通过一定的函数运算加以变换，再通过私钥加密。在通信过程中发送方需提供给接收方的内容包括信息的明文、信息的密文和解密公钥三个部分。信息的接收方收到后以相应的公钥对密文进行解密，再以相同的函数变换明文，若解密结果与变换结果一样，则可认定为原始信息。

（3）数字证书技术

为了确保科技信息网格中资源的安全性，对恶意攻击或越权获取等行为加以防范，应当创建一种信任机制。这要求服务提供者和用户都具有可验证、可监督、可控制、可分配权责的身份证明。数字环境下一般以数字证书技术实现此种证明。由权威机构证书授权中心负责发行各参与主体的数字化身份证明，作为它们在科技信息网格中的权限认证。该技术的应用是以第三方证书发行机构的行政职能为基础的。

实践中，由用户（可能是服务提供商、终端用户或资源管理者）首先提交自己的身份信息。经发行中心核实后，向用户颁发数字证书。在证书内，包含有利用科技文献信息资源的权限信息。

本技术的应用能够帮助施行对用户访问的分级管理与控制，用户需凭其证书内所表达的科技文献信息获取权限范围来进行信息查询和服务获取活动。服务商也需要凭证书调用资源。

（4）WSE 技术

WSE（Web Services Enhancements）是为建立 Web Services 而开发的 . NET 类库。使用网络服务发布技术能够具有独立发布服务的能力，同时支持进程内的消息交换。正是由于这些特性，使它能够在保证系统内通信安全性方面发挥重要的作用，具体实现中主要应用了 Filter 技术。

Filter 可分为发送和接收两个部分，WSE 正是通过两部分的联合应用保障网格通信的安全。

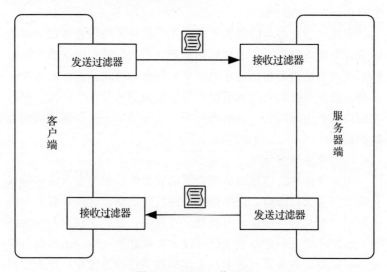

图 3.4　WSE 工作原理

WSE 的工作原理如图 3.4 所示。在网格各个组件相互通信的过程当中，信息离开发送者之前一律要经过 Filter 的鉴别，若发现敏感信息，则依要求进行加密；当信息抵达接收者之前，也须经过 Filter 识别，结合接收者的权限范围进行解密。

在具体的功能实现方面，WSE 以文件方式定义安全策略，以不同的策略对应满足科技文献信息开发利用中的各种安全需求。WSE 还能够支持异步通讯，实现真正意义上的服务回调客户端。WSE 全面支持 WS. Security 规范的最新版本，实现了安

全令牌传递、数字签名和加密，从而实现了消息级安全。WSE
支持不同协议的应用，从而能够对服务的可用范围进行有效
拓展。

三、作用要素

作用要素特指推进数字环境下科技文献信息开发利用过程中
所采用的手段与途径，也即是利用种种技术手段向原始的科技文
献信息资源施加作用的方式。根据前文对科技文献信息开发利用
含义的界定，综合研究综述和现状调查阶段所反映出的主要问题
与用户利用障碍，本研究认为，我国现阶段在科技文献信息开发
利用的途径选择上应侧重于资源的集成共享、组织加工与服务提
供三个方面。

1. 集成共享

科技文献信息的集成共享是其数字环境下开发利用的前提，
也是多年来信息建设工作的不懈追求。传统环境中各种类型的科
技文献分散地存储于不同研究机构、图书馆、档案馆甚至企业当
中，彼此之间的内在联系无法得到体现，资源的重复建设问题严
重，其"孤岛式"的存在也造成了用户利用的严重不便。

数字环境下网格技术的出现为科技文献信息的集成共享提供
了契机，也集中体现了信息开发利用由传统方式向数字化网络方
式转变的必然趋势。通过集成共享在开发方面不仅能够整合分散
于不同组织机构内不同类型的科技文献信息资源，对它们加以最
充分、最有效的利用；还可以在网络中对这些科技文献信息资源
进行统一的序化整理，减少重复投入，拓宽开发利用的范围，发
挥整体功能大于部分功能之和的增值效应。在利用方面，以广泛
的信息集成与共享赋予了用户前所未有的获取科技文献信息的能
力，也为科技文献信息的统一检索提供了可能。因此，科技文献
信息网格的构建能够为科技文献信息的开发利用提供环境，是科

技文献信息开发利用的必然选择。

2. 组织加工

信息的组织加工是科技文献信息资源开发利用的基础和起点。信息组织加工的质量直接影响到用户利用科技文献信息的准确性与有效性。它包括对科技文献信息的采集登录、标引、存储和检索全过程，是文献信息与用户之间的媒介（如图 3.5），是文献信息开发利用的现代模式。

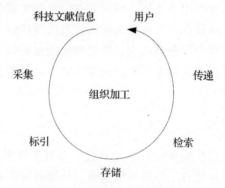

图 3.5　组织加工的媒介作用

其中采集和登录环节主要收集各类数字化科技文献信息资源，力求完整，数字环境下可利用网格技术完成科技文献信息的采集；对采集来的科技文献信息还要进行外部特征的著录，这一环节在数字环境下需利用元数据来完成。

标引环节负责对科技文献信息内容的揭示，传统环境下一般通过叙词进行文献标引，但在数字环境下元数据提供了更为强大的文献信息内容揭示工具。

数字环境下的存储工作包括科技文献信息的存储和其元数据的存储两个方面，并且要重点保持元数据与其所描述文献间的联系。一般文献信息的存储由各保管单位负责，而利用网格存储科技文献信息资源的元数据。

检索是有目的地查询并找出有关某一主题的文献信息，是科技文献信息提供利用的基础手段，数字环境下一般通过计算机检索系统完成，这一系统可嵌于网格之中。

元数据是在数字环境下进行科技文献信息组织加工的基础和先决条件，但目前国内外尚无全面完整的科技文献元数据标准，为科技文献的开发利用工作带来了不便。因此，科技文献元数据规范的建立应是本文重点研究的内容之一。

3. 服务提供

服务的提供是完成科技文献信息开发利用的根本手段，也是整个开发利用工作的目的和归宿。其主要内容是以适当的方式将用户所需的科技文献信息提供给用户利用。这里所提供的科技文献信息在传统环境下大多是一次文献，而在数字环境下则是根据用户的具体需求提供能够帮助解决用户问题的科技文献信息开发成果。

服务的提供包含资源建设、服务项目和运行机制三方面的内容。上文科技文献信息的集成共享和组织加工重点关注了资源建设问题，此处则针对后两者加以阐释。数字环境下的科技文献信息服务项目不能停留在传统时期的定题服务、参考咨询等，而需要着力拓展新的项目，同时体现科技文献信息的特点，服务科研、辅助科研，才能充分实现科技文献信息的价值。在服务的运行机制上需要比传统时期增添更多的灵活性。数字环境下科技文献信息的用户群体得到了扩张，用户需求也日益多样，因此，只有灵活、快速的服务才能真正赢得用户青睐、促进用户对科技文献信息的利用。

科技文献信息服务建立于科技文献信息的开发利用基础之上，它同时也是科技文献信息开发利用作用于现实的方式。没有开发利用，服务就如同空中楼阁；而缺少服务，开发利用也只能沦为纸上谈兵。所以从整体上看，科技文献信息的服务与开发利用是相辅相成、辩证统一的关系。研究开发不能脱离开服务，否则就又沦为了早期的无法嵌入用户业务的低端开发。所以，研究科技文献信息的开发利用就一定不可避免地要研究其服务，尤其是直接作用于实践的服务模式。

四、风险要素

科技文献不同于普通文献，它本身保密性的特点和知识产权保护的要求决定了在其开发利用过程中要面临更大的风险。数字环境下信息技术的应用更是一把双刃剑，在带来科技文献信息开发利用契机的同时，也为科技文献的安全带来了更多的威胁。在科技文献的生成、输入、存储、传输、开发和提供利用过程中存在着信息污染、信息干扰、信息丢失、信息窃取、病毒侵犯、人为破坏等不安全因素。集中体现在以下几项：

1. 环境变革中的累积风险

前文将种类众多的科技文献借助信息技术，纳入科技文献信息网格进行统一集中的共享、检索和利用服务。在网格环境中，科技文献是以数字形式存在的，数字化文献的管理在多个方面继承于传统时期的做法。最终的结果是，环境的变革并没有带走原来纸质时期的风险（人工失误、载体损坏等），反而带来了新的数字环境的风险（可用性缺失、原始性缺失等）致使数字环境下科技文献所面临的风险成因更为复杂多样，体现了环境变革的积累性，容易产生蝴蝶效应般的变异和放大，进而导致风险程度的加大。

数字环境极大地增添了对科技信息表达的灵活性，提升了科技文献价值实现的能力。但同时也增加了出现安全漏洞的可能性。它在方便数字化科技文献的制作、传递、开发和利用的同时，也使更改和截获科技文献信息成为可能；它让我们在享受各种操作系统、软件平台以及服务平台所提供的强大功能时，也要承担系统崩溃时可能导致的严重损失。任何便利和自由都存在两面性，所以，在由传统环境向数字环境的变革过程中，信息技术在赋予科技文献开发与利用更广阔的前景和空间的同时，也使我们不得不面对由传统环境到数字环境变革的累积风险。

2. 生命周期过程的累积风险

科技文献信息从其生成、流转、存储到开发利用需要经历一个完整的"生命周期"。在纸质文献时期，处于生命周期前端产生的问题就会有相当一部分传递给后期，使后期被动地接受下来。因此，开发利用这样的后期行为很大程度上会受到前期管理状况的影响。在数字环境下，生命周期前期的威胁因素对后期的影响甚至将会更大、更直接。

首先，因为数字环境下科技文献的阶段性是相对模糊的，从生成到保存的过程较纸质时期大为缩短，前期所产生的风险会迅速积累并传导至后期。有的科技文献（如产品样本）生成时格式上的不标准就会给流转时的数据交换、共享以及存储时的可读性带来问题或隐患，从而影响到科技文献最终开发利用的进行。

其次，数字环境下科技文献的处理不同于纸质时期，一些操作的提前进行可能会导致文献同时处于不同的阶段，如先存储再进行流转等。在这种情况下，如果在存储过程中发生泄密则可能直接影响科技文献内容的真实性和准确性，以致在开发利用阶段可能造成比较严重的损害。所以，数字环境下科技文献在整个生命周期不同阶段面临的风险将会产生累积效应。

3. 网格系统与存储系统的累积风险

科技文献信息的开发利用依靠的是存储系统和网格系统所组成的整体。两个系统之间采用一种"集中—嵌入"的方式相连接。所谓"集中—嵌入"是指将数字化科技文献管理的一部分功能（如生成、元数据捕获、文档登记、鉴定等）嵌入各个存储系统（对应于各科技文献生成系统与数据库）中，而将另一部分功能（整理、检索、开发、利用等）集中于科技文献信息网格。

科技文献信息网格中，数字化科技文献的开发利用与存储系统有着千丝万缕的联系，具体表现为强烈的渗透性和频繁的交互性。渗透性是指科技文献存储与管理的功能需求贯穿于文献在网格各项服务的运转流程之中；交互性是指存储系统向集中提供科技文献检索与利用的网格系统传输文献，而科技信息网格要向各存储系统提供文献查询和利用支持。如此，数字化科技文献在存储和管理过程中的风险也随之散布在网格服务的流程之中，相当于将底层的风险，累积在科技信息网格系统之中，形成散点—集中式的风险状态。

4. 技术转型与制度转型的累积风险

对于数字化科技文献的开发利用，技术上的进步与转变只是表层变化，深层的变化则来源于制度、体制的转型，它们二者之间是辩证统一的关系，而且制度的转型影响力更大、更深远，也更持久。所以由制度转型所带来的新的不确定性是难以全面预料的，这种不确定性带来的风险与技术转型的风险累积在一起，又更增添了科技文献信息开发利用的风险。

具体来说，制度的转型可以从两个层面上理解：从物理空间的层面上看，科技文献信息的开发利用不再按种类、地域分散于各个存储机构，而是在逻辑层上进行了虚拟集中。科技文献本身种类繁多，具有分散性，数字环境下其日常管理工作仍由各个保存机构自行负责。也就是说，在科技文献信息网格的各个节点上都有可能产生文献管理的疏漏、失误等风险，而这些风险会沿着网格节点的纵向树状结构向上集中，可能累加成为严重的安全隐患。时间层面上，对科技文献的开发利用也不必再按照线型的顺序历时进行，而是可以多点、多处、多环节地共时推进。这种新的变化意味着科技文献信息网格横向网状的多个不同节点上可能同时存在着多种风险，增加了潜在风险的威胁。

上述四种累积的风险表明，数字环境下科技文献信息开发利用面临的风险显然多于传统环境，了解了其风险的复杂成因，有助于采取科学合理的应对措施。

综上所述，数字环境下科技文献信息开发利用所涉及的资源要素、技术要素、作用要素和风险要素共同为本文的研究指明了方向和重点内容，下文的研究也将围绕此四个要素和它们之间的联系与互动展开。

五、本章小结

本章依据上文研究综述和实践进展调查部分所反映出的问题与不足得出数字环境下科技文献信息开发利用信息资源整合、信息技术应用、提升服务质量和重视安全保障的诉求。通过对数字环境下科技文献信息开发利用资源要素、技术要素、作用要素和风险要素的分析确立了本研究的基本方向与内容。

第四章　数字环境下科技文献元数据的开发

信息加工中的增值原理指对分散、无序而又形式各异的信息进行筛选、加工、整序，使之有序化，并能够被信息接收者更好地理解，能够提高其效用，实现信息的增值。这与"开发利用"使科技文献信息序化外显，并提供给用户的内涵是一致的。因此，在数字环境下通过开发利用实现信息增值首先要寻求对科技文献信息加以描述和揭示的方法与工具，再以这种工具和方法对科技文献资源进行规范的著录和标引，揭示其内外部特征，并科学地将其组织起来，以便用户快速、准确地检索到所需信息。元数据这一来源于计算机科学的概念，通过多年的理论研究和实践应用，被证明是能够满足这一要求的成熟工具。

因此，元数据也就成为数字环境下科技文献信息开发利用的基础性工具，它能够在前文作用要素分析所提出的组织加工方面发挥重要作用。

一、元数据概述

1. 元数据的含义

"关于数据的数据"是对于元数据常规的、简洁的，也是深刻的表达。它来源于计算机领域，但在日常生活中也是几乎随处可见的现象，并且已经应用于多个学科的研究和实践。

元数据在数据仓库中的应用，被解读为负责描述库中所存储数据及数据环境的数据。描述的数据范围包括已经存入库中的和已确定但尚未入库的，描述内容兼含数据的内部及外部特征，主要保存业务事件进行中发生的数据抽取的时间，保存关于系统数据的一致性要求与具体执行，并加以检测，同时评估数据质量。

在图书馆学与情报学领域，也把元数据理解为关于信息资源的结构化数据，即以一定的结构组织起来而提供关于其他信息资源的信息。它能够帮助实现信息管理、组织、著录、知识发现及信息检索与选取等功能，已经成为公认的数字环境下信息组织的重要工具。

地理学、生命科学领域也是元数据的积极行践者，在此不一一阐述。可见，元数据的初始目的就是为了描述其他资源，并由此衍生出揭示、组织及管理上的丰富功能。

2. 元数据的类型

依据标准的不同，可以对元数据种类作不同的划分。本研究采用比较经典的 4 分法，即将元数据分为描述型、管理型、结构型和保存型。

（1）描述型元数据

广义上理解，元数据发挥的都是描述的作用。但一般对描述型元数据作狭义的解读，即用来对文献材料内容特征加以描述的元数据。如 MARC 和 DC，它们主要对信息资源的主题和内容特征加以描述。

（2）结构性元数据

用来进行对复杂资源对象物理结构的描述，起到便于导航的作用，同时为信息检索打下基础。例如书目的目录以及对章节、段落如何组织到一起的描述。

（3）管理型元数据

为更便捷地管理数字化文献资源而设计的元数据，重点描述文献材料的管理性特征，如加工方式、访问权限等。

（4）保存型元数据

以保存资源对象为目的的元素，重点关注与信息资源长期存储有关的属性。

3. 元数据的结构

一套完整的元数据方案的结构可分为内容、语义和语法三个层次（如图 4.1）：

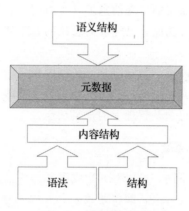

图 4.1 元数据结构图

（1）内容结构

内容结构提供元数据的具体组成元数据项，涵盖各种元数据类型。

这些元数据项应该按照一定标准来选取，元数据的内容结构也应该对此加以说明，例如 MARC 依据的 ISBD 和 EAD 所参照的 ISAD（G）等。

（2）语义结构

语义结构提供关于元数据项具体应用中描述方法的信息。

有的元数据标准自行提供了语义结构，还有一些则采用现存的标准规定，如 DC 中与日期相关的元数据项一律遵循国际标准ISO8601 的格式。

（3）语法结构

语法结构提供机读格式及其描述方式，如描述元数据项结构的方式，采用的语言（XML 语言、HTML 语言）等。

4. 元数据应用

国外关于元数据的研究工作进行得比较早，已将元数据定位为组织网络信息资源的重要手段，并且已经在很多学科领域展开了成功的实践，具体见表 4.1。

表 4.1　　　　　　　　　元数据应用领域

应用领域	元数据标准
网络资源	Dublin Core、IAFA Template、CDF、Web Collections
文献资料	MARC、Dublin Core
人文科学	TEI
社会科学数据集	ICPSR SGML Codebook
博物馆与艺术作品	CIMI、CDWA、RLG REACH Element Set、VRA Core
政府信息	GILS
地理空间信息	FGDC/CSDGM
数字图像	MOA2 metadata、CDL metadata、Open Archives Format
档案库与资源集合	EAD
技术报告	RFC 1807
连续图像	MPEG－7

我国元数据相关研究与实践也已经获得了一定成果。对中文信息资源，一般可以通过制订详细的著录规则而直接采用现成的元数据标准；也可以通过对其他元数据成功经验的借鉴，制订新的元数据标准。目前，已有许多机构在不同的研究领域制定了元数据标准（如表 4.2 所示）。

表 4.2　　　　　　　　　中文元数据标准

名称	应用领域	内容与特点
中文元数据方案	着眼于中文数字资源的描述，由国家图书馆负责制定	内含 25 个元数据项，较为注重资源管理功能的发挥
中文元数据标准框架	北大数字图书馆制定，用于各类数字资源的描述	内含 14 个核心元素与 3 个个别元素
基本数字对象描述元数据标准	应用于各类数字资源的描述，科技部立项成果	内含 15 个核心元素，具有扩展性
中科院科学数据库核心元数据标准	应用于科学数据库中数据的描述，由中科院组织制定	将数据资源与服务资源分别描述

近年来，伴随 EAD、EAC、DC、MARC 等元数据格式的不断发展成熟，元数据在数字信息资源的描述、保存、组织、检索及评价中的应用前景已得到了普遍认可。但综观目前国内外尚无完整、全面的关于科技文献的元数据标准规范，这也成为制约数字环境下科技文献信息开发，造成"检索工具缺乏"等利用障碍的主要原因。可见，在数字环境下进行科技文献开发，首先需要标准的、描述力强的科技文献元数据规范。

二、科技文献元数据设计

开发元数据标准不能随意而为，必须依据一定的原则、方法与流程。因此，在着手开发之前，先要确定科技文献元数据标准框架。然后依照标准框架的约束和规范来设计具体的元数据标准（它们之间的关系见图 4.2）。

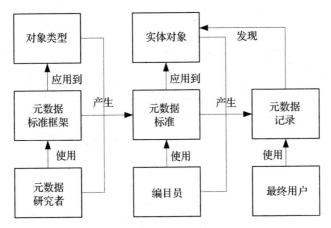

图 4.2 元数据标准框架、元数据标准与元数据的关系

它是对元数据的抽象化表达，从更高的层级上对元数据的结构、格式、功能、设计方法及语义和语法规则等内容加以规定。

1. 功能需求

在开发元数据之前首先要分析科技文献元数据的功能需求，才能在开发工作中有的放矢，不走弯路。科技文献元数据规范主要的描述对象是数字化科技文献资源，包括专利文献、标准文献、会议论文、学位论文、科技报告、科技档案和产品样本。通过本规范期望借助科技文献元数据实现的功能包括：

（1）文献选择：①依据类型选择文献；②依据内容和主题选择文献；③依据引用频次选择文献。

（2）文献识别：①按照文献特征进行识别；②对文献作者及其所在机构加以识别；③借助世界范围通用的 DOI 识别文献；④通过本地通用的唯一标识符识别文献。

（3）文献获取：①依据文献主题和文摘进行检索；②为多语种检索提供支持；③支持 OpenURL 链接服务器调用检索结果，帮助实现原文获取；④支持各个成员间的全文获取；⑤提供引文检索。

（4）加工管理：①按文献种类对加工任务加以分配，避免重复加工；②按本/册进行加工进度管理；③按照加工深度的要求（题录、文摘或是引文），安排加工任务；④支持 OAI 协议对元数据的收割。

2. 设计原则

为保证开发工作的顺利进行，还需要制定科技文献元数据规范的设计原则，以保证开发工作以统一一致的方式进行。

（1）模块化原则

模块化被视为现代元数据最重要的特性。其中的关键是根据使用的实际需要，将资源对象区分为若干实体，对资源的描述，通过对多个不同实体的组合描述来完成。

2007 年 DC 年会上提出了"新加坡框架"，它以一种新的方式对元数据模块化设计思想进行了解读。根据该框架的定义，一个元数据应用纲要至少要包括功能需求、领域模型与描述集合纲要几个部分。其中功能需求负责定义应用纲要所需支持的设计功能及其他功能需求；领域模型负责规定应用纲要描述的实体概念及这些概念之间的相互关系。领域模型既可以采用文本方式描述，也可以采用 UML 等更为规范的描述方法；描述集合纲要属于一种信息模型，负责定义描述集合的结构规范，主要以 XML 格式编写，它是应用纲要可遵循的实例。

上述三个要素当中以领域模型最为重要，它强调了基本实体及其关系。在科技文献元数据的实际应用中，对文献实体的描述通过一组属性描述来体现。属性对应的是元素，它是资源描述的最小单元。元素集描述了实体对象所有的属性特征，元素集也可定义为描述资源各个方面的属性词表。描述集由元素集组合而成，它主要用来完整描述某一类科技文献资源的全部特征与属性。所以可以利用描述集实现模块化的资源描述。图 4.3 展示了描述集和元素集之间的关系。

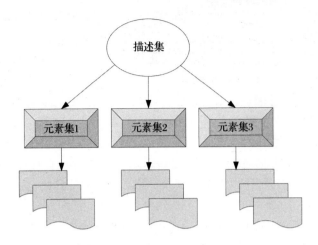

图 4.3　元数据描述集与元素集的关系

　　一个元素集只能描述对象某一方面的特征，一个描述集中可以包容不同的元素集。因此，一个描述集可以提供对一类对象的完整描述。元素集具有稳定性，描述集则具有可变性，可以依据资源类型的变化对元素集进行组合与复用。基于这一理念，能够完成对复杂对象的按类分解描述。本规范的设计秉持元数据模块化设计理念，以元素集重组的方式构建元数据规范。

　　（2）可扩展原则

　　本规范的制定并未采用 DC 的纵向扩展理念，因为在语义网技术尚未完全成熟的背景下，计算机对元素、元素修饰词及编码体系修饰词这些概念的处理还有待完善。因此，本规范的可扩展性主要通过元素集的灵活组合与元素集内各元素的横向扩展加以体现，即可针对某类实体增加可选元素。此种扩展方式能够在打乱已有的结构的基础上实现描述集的扩展。

　　（3）统一化原则

　　统一化原则是指在元素设计中，归纳提炼不同类型科技文献资源的共性信息，如管理信息、馆藏信息和描述信息，并抽取出来作为单独的对象统一描述。其中管理信息统一化是指无论对何种类型资源，统一采取一致的名称说明记录创建时间、记录最新修改时间、加工深度标识等信息。馆藏信息统一化是指在加工环境中，统一设置代码，进行规范化管理，然后通过馆藏单位（馆藏机构代码）、馆藏号和登到时间（入藏日期）等揭示馆藏信息。资源描述信息统一化是指在描述资源对象过程中，尽量做到求同存异，只要内在本质特征相同，即可通过相同的元素进行描述。

（4）需求原则

进行资源描述时应从功能需求出发，考虑哪些特征应该保留，而哪些特征可以忽略。例如，与文献相关的日期包括投稿日期、接收日期、审稿日期、修回日期、发布日期/出版日期等，这些日期并不都有必要著录，而应该结合具体的应用考虑。一般情况，发布日期/出版日期对各类科技文献的用户都是很重要的。

科技文献元数据规范在内部管理方面，需定义一系列管理元数据，如"数据加工单位"、"记录加工深度"等元素的设置，体现对实际加工事务的管理需求。在面向外部检索服务方面，从用户角度出发，权衡哪些信息属于有价值信息。重点考虑特定科技文献种类的用户偏好，在规范中增加专门元素进行描述。

（5）互操作原则

实践中存在描述各类资源的不同元数据标准。实际应用中有时会要求一个标准同时能适用于生成系统和其他系统的数据处理操作，也就是要求元数据能够在不损失信息内容的前提下，被进行转换。本规范中，元数据的易转换性表现在整体设计时，在结构上尽可能析出相同或相似的实体，并采用同一元素集的描述规范进行描述，从而在用户利用过程中，能方便地实现跨类型的资源检索。

3. 流程设计

依据《中文元数据标准框架及其应用》各类型的科技文献元数据标准设计均遵循以下工作流程：

（1）资源对象分析

对元数据标准所描述的资源进行分析，掌握其特点、形式、来源等。同时还要分析管理者对该资源对象的处置流程和用户的利用需求与角度。这些前期的分析对元数据项的确定具有决定作用。

资源分析的手段除了包括文献与利用现状调查外，对元素集关系、著录单位和著录范围的确定主要遵循国际图联颁布的研究报告《书目记录的功能需求》（简称 FRBR）中的"实体—关系模型"①。该模型把作为著录对象的实体划分为作品（work）、表现方式（expression）、表达形式（manifestation）与文献单元（item）4 个层次（见图 4.4）。

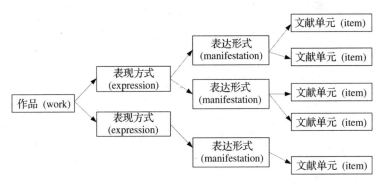

图 4.4　FRBR 著录对象层级模式

其中，"作品"是知识创作的内容，它是一个抽象的对象，处于最顶层，体现其下三个层次的共同特征，需要借助一定的表现方式（如文字、图表等）被人感知；"表现方式"是资源对象得以实现的方式，即具体的文字或图像等方式。"表达形式"表示资源对象的物理载体，同一种表现方式可以有不同的表达形式。例如，某篇学位论文既可以有印刷版，也可以有电子版。

---

①　The 4th Dublin Core Metadata Workshop Report［EB/OL］.［2012－03－16］. http：//www. dlib. org.

"文献单元"即表达形式的某一物理实体，如图书馆收藏的某一印刷版学位论文的某个复本。

不同文献单元、不同表达形式（即不同复本、不同载体）的文献，在对一些基本信息的表现方式上可能具有相同特征，例如无论载体如何发生变化，学位论文的题名、内容是不变的，作者信息也是不变的，通过这些基本信息，可以很容易地将不同表达形式的文献置于同一表现方式之下，在表现方式层面，则可以通过一定的技术手段，对不同载体、不同复本的文献加以揭示。如此不仅可以避免重复著录，也方便将同一表现方式的不同文献加以集中。

（2）元数据标准的初步设计

在资源分析的基础上，将符合要求的词汇放入词汇表中，然后对词汇表反复进行评价分析（主要参考专家的意见），对符合要求的或者遗漏的词汇加以确认，而将不符合评价要求的词汇删除。这里的词汇是指对科技文献中某一类实体的描述项，词汇表是词汇的集合。本环节需提出针对某具体资源对象的《元数据标准草案》，其内容应包括所有元数据项及相关定义。对于描述型元数据和个别与该类资源联系紧密的管理类元数据需要格外慎重设计。

（3）修改初步设计方案

就初步设计中形成的《元数据标准草案》广泛征询专家与实践工作者的意见，修改完成《元数据标准草案（修订版）》。在上一阶段的基础上，将元数据标准进一步规范化、标准化，最终形成元数据标准草案修订稿。同时进行元数据置标作为建立实用系统的依据。

（4）完成元数据标准

根据对《元数据标准草案（修订版）》的再次咨询与讨论，经过反复改进，得到最终确定的元数据标准规范。

4. 元素定义方法

科技文献元数据元素的定义方法采用国际标准 ISO/IEC 11179 元数据元素描述方法。这一正式的描述标准能够使科技文献元数据与其他元数据的描述保持一致性。具体包括以下 9 个方面（见表 4.3）

表 4.3　　　　　　　　　元数据元素定义方法

序号	定义项	含义
1	中文名称	通过适合人们阅读的词汇描述元素，一律使用中文形式
2	英文名称	为方便计算机处理而定义的元素标记，通常名称使用英文，可以作为 XML 的标签
3	定义	对元素概念和内涵的明确说明
4	版本	产生该元素的元数据版本
5	语言	元素说明语言
6	选项	说明元素是限定必须使用的还是可选的（必备性）
7	频次范围	元素的最大使用频次（可重复性）
8	数据类型	元素值中所表现的数据类型
9	注释	元素应用注释，即对元素著录要求的说明

为了达到使用中的普适性，元数据标准的定义应尽量宽泛。因此，上述 9 个定义项中有些可做如下固定取值：

①版本：取"1.0"。

②语言：默认为"中文"。

③数据类型：固定为"字符串"。

④频次范围：取"不限"。

5. 开放机制

为了满足可扩展、统一化和互操作原则，需设计元数据的开放机制（如图 4.5）：

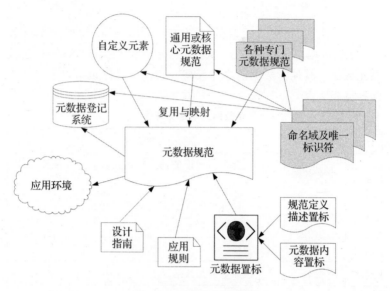

图 4.5　元数据开放机制

①尽可能复用其他元数据标准的内容，建立元数据应用的可扩展架构，可以通过复用、扩展、嵌套、修改等方式，依照应用需求灵活地构造与扩展已有的元数据规范。

②建立命名域机制，有效管理和复用其他元数据模块或元素。

③建立元数据登记系统，对元数据定义信息实施管理，对元数据定义信息的管理是指对数据 URI 加以解析并定位到相关的规范定义的过程，通过这种管理过程能够为其他元数据的复用提供规范的信息。

④采用开放的描述方法，以保证元数据描述的可解析性、不同元数据规范组合的可嵌套性以及不同元数据规范的可转换性。

⑤采用通用的置标语言，如 XML、RDF、XML Schema、RDFS 等来进行元数据内容及元数据规范定义的开放描述。

三、科技文献元数据规范制定

本研究在上一章对各类型科技文献的理论总结基础上，深入进行资源分析，明确它们各自的文献特点与共性。同时，通过实地和电话访谈的方式与领域专家进行沟通咨询，听取他们的意见。参照现有国内外元数据标准，反复修改形成此份科技文献元数据规范。

研究前期调研中发现，目前国家科技图书文献中心（NSTL）已经制定了期刊论文、会议论文、学位论文与科技报告的中文元数据规范，并已应用于实践且取得了良好的效果。为此，本文不再进行重复研究，转而将重点投向尚未有元数据标准出台的专利文献、标准文献、科技档案及产品样本方面，作为对现有标准的补充与完善。

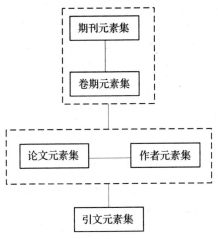

图 4.6　期刊论文描述集中各元素集关系

根据元数据设计模块化原则，通常每一类资源的描述对应一个描述集，一个描述集包含有多个元素集，元数据结构既包含元素集，也包含元素集的相关关系。实体关系图（E—R 图）可以用来描述元素集的相关关系。下面以 NSLT 期刊论文元数据规范为例予以说明，见图4.6。

NSTL 定义的期刊论文描述集包含有 5 个元素集，元素集之间具有如下关系：期刊元素需以特定的卷期元素标引，具体的论文登载于具体期刊的具体卷期上，且具有作者，同时，论文包含一条或多条引文数据。在下文制定各类科技文献元数据规范时也注意描述其元素集的相关关系。

本规范采用与 NSTL 同样的方式，即按照上文所述模块化原则，以"描述集—元素集"的结构组织各个元数据元素。如此能够在实践当中保持一致性，使研究成果更具实践应用价值。同时将本规范与 NSTL 的元数据规范联用扩大了现有标准的描述范围，可提高对科技文献信息描述的全面性和完整度。

1. 专利文献元数据

专利文献相比于其他文献具有强烈的法律性、时效性与地域性。通过前期资源分析，将著录对象确定为单篇专利文献。专利文献描述集共有 4 个元素集，其关系如图4.7所示。专利文献元素集、法律权益元素集构成了描述集的核心。馆藏元素集主要用于帮助发现专利文献存放的物理位置。管理元素集可用于实际加工系统建设，帮助对加工过程的管理。

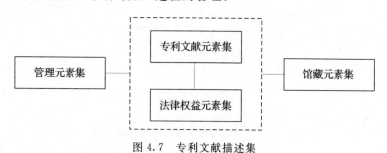

图 4.7　专利文献描述集

（1）专利文献元素集

兹根据其文献特点、内容特性和利用需求制定专利文献描述元素,能够有效反映一份专利文献多角度的关键信息(如表 4.4)。

表 4.4   专利文献描述元素集

序号	中文名称	英文名称	必备性
1	国际专利分类号	IPC	必备
2	记录号	patent_id	必备
3	专利名称	patent_name	必备
4	关键词	keywords	必备
5	专利类型	patent_type	可选
6	申请号	application_no	可选
7	公开号	open_no	可选
8	申请人	proposer	必备
9	专利权人	patentee	必备
10	发明人	originator	必备
11	代理人	attorney	可选
12	专利代理机构	agent	可选

其定义与著录规则如下表:

表 4.5   专利文献描述元素定义

中文名称	定义	注释	示例
国际专利分类号	世界知识产权组织发布的国际通用的专利分类号	采用 IPC2008 网络版①进行著录。有多个分类号时,重复著录	IPC:H05B3/18
记录号	文献在特定数据库中的记录号	由系统自动生成,是文献在特定数据库中的唯一标识	paper_id:00001

---

① 国家知识产权局. [2012-03-11]. http://www.sipo.gov.cn/wxfw/.

中文名称	定义	注释	示例
专利名称	专利文献的题名	著录专利文献封面上的题名	patent_name：一种基于摄像装置的多媒体人机交互系统
关键词	使用语种与正文相同	关键词的著录应符合各相应语种规范	——
专利类型	专利所属的具体种类	一般分为发明型、实用新型和外观设计型，照录	——
申请号	用于标识专利申请的申请号	由知识产权部门赋予。一般以年度加流水号方式呈现	application_no：2004 2 0000001.9
公开号	在专利申请公开时赋予的标识编号	出现于国家知识产权局寄发的申请公布说明书的右上角	proclaim_no：CN101259761
申请人	用于标识专利申请的申请人姓名	如有多名申请人应重复著录	原文为："申请（专利权）人：孟庆林；孙建文；金辉" 著录为：proposer：孟庆林 proposer：孙建文 proposer：金辉
专利权人	用于标识专利权人的姓名	一般出现于专利文献首页	原文为："专利权人吕文阁" 著录为：patentee：吕文阁

续表

中文名称	定义	注释	示例
发明人	用于标识发明专利申请的发明人或实用新型和外观设计的设计人姓名	如有多名发明人应重复著录	原文为："发明（设计）人：孟庆林" 著录为：originator：孟庆林
代理人	用于标识专利申请的代理人姓名	著录帮助申请专利的代理人姓名	原文为："【代理人】郝传鑫" 著录为：attorney：郝传鑫
专利代理机构	用于标识专利申请的代理机构名称	著录帮助申请专利的代理机构名称	原文为："【专利代理机构】广州三环专利代理有限公司44202" 著录为：agent：广州三环专利代理有限公司

（2）法律权益元素集

专利文献具有法律特性，因此需著录其法律权益信息（见表4.6），加深著录程度，帮助用户更好地利用专利文献。

表4.6　　　　　　　　法律权益元素集

序号	中文名称	英文名称	必备性
1	申请日	apply_date	必备
2	公开日	open_date	必备
3	优先权日	priority_date	可选
4	优先国	priority_country	可选
5	主权项	character	必备
6	同族专利	kin	可选
7	法律状态	state	可选

其定义与著录规则如下表：

表 4.7   法律权益元素定义

中文名称	定义	注释	示例
申请日	用于标识国务院专利行政部门收到专利申请文件的日期	如果申请文件是邮寄的，该日期是指寄出的邮戳日。采用"YYYY－MM－DD"格式著录	apply＿date：2011－03－11
公开日	用于标识专利申请被授予专利权的公告日期	采用"YYYY－MM－DD"格式著录	proclaim＿date：2011－08－25
优先权日	专利取得优先权的日期	采用"YYYY－MM－DD"格式著录	priority＿date：2008－08－08
优先国	专利取得优先权的所在国名	著录专利在哪一国家取得了优先权	priority＿country：中国
主权项	描述专利中的技术特征	权利要求书中"其特征是"：之后的部分	原文为："权利要求1.一种续骨膏及其配方的中药，其特征是：它可以外敷和内服。"著录为：character：它可以外敷和内服
同族专利	同一专利族中其他专利的标识	同"专利文献标识"格式著录	kin：授权公告号CN 3000001 S
法律状态	专利文献的法律状态	常见的法律状态包括：授权、专利权终止、公开、实质审查生效、视为撤回、无效宣告等。著录时照录	patent＿state：视为撤回

（3）馆藏元素集

收藏单位是指收藏科技文献并对外提供服务的单位。收藏单位信息通常包括单位名称以及该单位赋予特定文献的馆藏号信息。收藏单位信息有助于用户在一个大信息环境下获取特定科技文献。具体元素见表4.8。

表4.8　　　　　　　　馆藏元素集

序号	中文名称	英文名称	必备性
1	馆藏机构代码	library_code	必备
2	馆藏号	holding_number	可选
3	登到时间	checkin_time	必备
4	本地唯一标识符	local_doi	必备

其定义与著录规则如下表：

表4.9　　　　　　　　馆藏元素定义

中文名称	定义	注释	示例
馆藏机构代码	文献收藏机构的代码	由字母或数字组成的代码，具有唯一性。馆藏机构代码可自行定义	——
馆藏号	文献馆藏排架编号	各机构可按自行定义的馆藏号著录	原文为：LW032000（LW表示学位论文，后面数字是馆藏序列号）著录为：holding_number：LW032000
登到时间	文献到馆登记时间	登到时间，由系统自动生成，格式为yyyy—mm—dd hh：mm：ss	checkin_time：2008—05—23 16：21：39

中文名称	定义	注释	示例
本地唯一标识符	由系统赋予文献的本地唯一标识符号	按照一定规则抽取相关元素取值组合而成。根据资源类型不同，生成本地唯一标识符的规则也各不相同，如SICI、BICI等	local_doi：0099－2240（2008）74：3＜850：MLSTAA＞2.0.TX；2－32）（参照SICI）

（4）管理元素集

管理信息描述的是资源数字化加工的时间、深度、加工者等信息，可用于实际数字化加工系统建设，帮助对数字化加工过程的管理。具体见表4.10：

表 4.10　　　　　管理元素集

序号	中文名称	英文名称	必备性
1	记录创建时间	create_time	必备
2	记录最新修改时间	update_time	必备
3	加工方式	processing_mode	必备
4	加工深度标识	record_level	必备
5	加工机构	processing_unit	必备
6	全文标识	fulltext_flag	必备

其定义与著录规则如下表：

表 4.11　　　　　管理元素定义

中文名称	定义	注释	示例
记录创建时间	记录在数据库中首次形成的时间	系统自动生成，格式为 yyyy－mm－dd hh：mm：ss	——
记录最新修改时间	记录最新修改时间	系统自动生成，格式为 yyyy－mm－dd hh：mm：ss	——

中文名称	定义	注释	示例
加工方式	记录形成方式说明	以加工方式代码著录，自定义代码如为"key in（表示人工录入数据）"、"OCR（表示扫描识别）"、"CD_download（表示从光盘下载数据）"、"web_download（表示从网上下载数据）"及"other（表示其他方式）"	processing_mode：key in
加工深度标识	文献内容揭示深度标识	以代码表示，可根据需要自行制定，如 NSTL 加工深度代码如为 0：不加工；1. 加工目次；2. 加工文摘；3. 加工引文；4. 加工全文	——
加工机构	记录文献生产机构	由字母或数字组成的代码，具有唯一性；加工机构代码可自行定义	——
全文标识	加工内容是否涵盖全文的标识	加工记录涵盖全文标识为 1，反之为 0	——

2. 标准文献元数据

经前期资源分析，设置标准文献描述集共有 3 个元素集，其关系如图 4.8 所示。将著录单位确定为单份标准文献。标准文献元素集能够定位、发现以及多角度地描述标准文献的内外特征。馆藏元素集主要用于帮助发现学位论文存放的物理位置。管理元素集可用于实际加工系统建设，帮助对加工过程的管理。

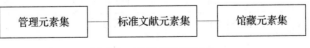

图 4.8 标准文献描述集

标准文献（中国国家标准主管部门分配的国家标准）基本上都具有标准名称、标准编号、标准类型、UDC 分类号（国际十进分类法）、标准发布单位、发布日期、实施日期、替换标准说明、提出批准的责任说明、标准的正文、标准附件以及标准的出版发行等信息。

传统环境下，单个标准或几个相关标准的单行本，如果无题名页，则其主要信息源为封面或摘要页。汇编本的主要信息源为题名页。单行本标准文献各个著录的项目依次为：标准编号项、题名与责任者说明项、版本项、出版、发行项、载体形态项、丛编项、附注项、标准编号与获得方式项。

数字环境下需在关注标准文献固有特点的基础上考虑用户日常检索习惯，兼顾内容揭示与发掘，设计标准文献元素集，见表 4.12：

表 4.12　　　　　标准文献元素集

序号	中文名称	英文名称	必备性
1	标准号	stand _ no	必备
2	中国标准分类号	CCS	必备
3	国际标准分类号	ICS	必备
4	标准名称	stand _ name	必备
5	关键词	keywords	必备
6	标准类型	stand _ type	必备
7	标准状态	stand _ state	必备
8	强制力	force	必备
9	起草单位	draft _ org	可选
10	发布单位	issue _ org	必备
11	发布日期	issue _ date	必备
12	实施日期	inure _ date	必备
13	代替标准	cover _ for	可选
14	采用关系	adopt	可选

其定义与著录规则如下表：

表 4.13　　　　　　　　标准文献元素定义

中文名称	定义	注释	示例
标准号	标准文献的唯一标识	标准号是标准代号、标准发布顺序号和标准发布年代号的组合，如"GB/T12457－90"表示 1990 年发布的第 12457 个推荐性国家标准	原文为："【标准号】QB/T 1877－2007"著录为：stand _ no：QB/T 1877－2007
中国标准分类号	依据中国标准文献分类法赋予标准文献的编号	根据中国标准文献分类法（CCS）赋予的文献分类标识	原文为："【中国标准分类号】A17"著录为：CCS：A17
国际标准分类号	依据国际标准分类法赋予标准文献的编号	ICS 是国际标准化组织等级分类法，包含三个级别。第一级包含 40 个标准化专业领域，各个专业又细分为 407 个组（二级类），407 个二级类中的 134 个又被进一步细分为 896 个分组（三级类）。国际标准分类法采用数字编号。第一级和第三级采用双位数，第二级采用三位数表示	原文为："【国际标准分类号】01 _ 140"著录为：ICS：01 _ 140

中文名称	定义	注释	示例
标准名称	标准文献的题名	著录标准文献封面上的题名	stand ＿ name：汽车防盗装置的保护
关键词	使用语种与正文相同	关键词的著录应符合各相应语种规范	——
标准类型	标准文献的类型	标准可分为国际标准、区域标准、国家标准和行业标准。一般标准文献的类型可从其标准号前两位中看出，如标准号为"CY/T 5－1999"可知其为中国新闻出版行业标准。著录时按"国际"、"区域"、"国家"或"行业"照录	原文为："【标准号】GB/T 26276－2010" 著录为：stand ＿type：国家
标准状态	标准所处的法律状态	一份标准可能处于的法律状态包括：现行、作废、被代替、废止转行、即将实施，著录时照录	stand ＿ state：现行

中文名称	定义	注释	示例
强制力	标准文献的法律强制效力	一份标准的法律强制效力有三种：强制、含有强制条款、推荐。著录时照录。强制力信息可由标准号中获得，如"GB/T"表示国家推荐标准，"GB"表示国家强制标准。在标准摘要中有对强制性条款的描述	原文为："本标准除第 2 章外均为强制性条款" 著录为：force：含有强制条款
起草单位	负责起草该份标准文献的机构名	一份标准文献可以有多个起草单位，需重复著录	原文为："本标准主要起草单位：合肥通用机械研究所、上海耐莱斯·詹姆斯伯雷阀门有限公司……" 著录为：draft _ org：合肥通用机械研究所 draft _ org：上海耐莱斯·詹姆斯伯雷阀门有限公司

中文名称	定义	注释	示例
发布单位	发布标准文献的机构名	标准文献的发布单位信息一般位于封面底部，如为多个单位联合发布，需重复著录	原文为："国家质量监督检验检疫总局 国家标准化管理委员会发布" 著录为：issue_org：国家质量监督检验检疫总局 issue_org：国家标准化管理委员会
发布日期	发布标准文献的日期	标准文献的发布日期一般位于封面底部，采用"yyyy－mm－dd"格式著录	原文为："2011—01—14发布" 著录为：issue_date：2011－01－14
实施日期	标准法律效力生效的日期	标准文献的实施日期一般位于封面底部，采用"yyyy－mm－dd"格式著录	原文为："2011—11—01实施" 著录为：inure_date：2011－11－01
代替标准	被当前标准所代替的过期标准信息	代替标准信息一般见于封面或正文前言部分，著录标准号	原文为："DB12/T 041－2007 代替 DB12/T 041－1993" 著录为：cover_for：DB12/T 041－1993

中文名称	定义	注释	示例
采用关系	标准采用国际标准或其他国家的标准的情况	标准采用关系信息一般见于标准正文部分，著录时按"标准号. 标准名"格式著录	原文为："本标准采用《木工机械. 单面木工压刨床. 术语和验收条件》（ISO 7568－1986）……" 著录为：adopt：ISO 7568－1986. 木工机械. 单面木工压刨床. 术语和验收条件

管理元素集和馆藏元素集可复用4.3.1节中所述，即可很好地发挥帮助发现文献物理位置和辅助加工管理的作用。

3. 科技档案元数据

通过资源分析，科技档案相较于普通技术文献具有档案的性质，在档案家族内又是独立于文书档案的独特一类，是一种同时具有档案属性和专业特性的科技文献类型。因此，在其元数据设计上，本研究也着力突出这两方面的特性。设置科技档案描述集共有3个元素集，其关系如图4.9所示。

图 4.9　科技档案描述集

科技档案有其特定的格式、保管场所和管理制度。本研究设计科技档案元数据元素集如表4.14，能够在方便提供利用的同时，完整体现其档案属性，满足档案保管需求。

表 4.14   科技档案元素集

序号	中文名称	英文名称	必备性
1	文件编号	file_no	必备
2	题名	arch_name	必备
3	责任者	liability	必备
4	关键词	keywords	必备
5	版本	edition	可选
6	稿次	manu_sequence	必备
7	密级	classification	必备
8	保管期限	keep_term	必备
9	形成日期	create_date	可选
10	归档日期	docum_date	必备
11	档号	arch_no	必备

其定义与著录规则如下表：

表 4.15   科技档案元素定义

中文名称	定义	注释	示例
文件编号	来自于来源机关的文件流水编号	一般位于题名下方，著录时以第一责任者编号为准	原文为："文号：西办发〔2011〕5" 著录为：file_no：西办发〔2011〕5
题名	科技档案的题名	科技档案封面上的题名	——
责任者	指科技档案的制发机关或作者	著录时使用机关全称，也可在括号内补充简称。个人责任者应著录真实姓名	liability：天津市科学技术委员会（市科委）

中文名称	定义	注释	示例
关键词	使用语种与正文相同	关键词的著录应符合各相应语种规范	——
版本	对科技档案多个保存件的划分	著录中一般将责任者制定的数字化科技档案或其纸质形式认定为正本；将扫描件认定为副本	edition：正本
稿次	指科技档案形成过程中产生的阶段性形式	一般分为第一稿、第二稿等，直至定稿	manu＿sequence：定稿
密级	即科技档案的保密等级，分为"绝密"、"机密"、"秘密"、"内部"和"公开"5 等	科技文件材料的"密级"照实著录	classification：内部
保管期限	即科技档案的保存期限，分为"永久"、"长期"和"短期"3 等	科技文件材料的"保管期限"照实著录	keep ＿ term：永久
形成日期	指科技文件材料的形成日期	按"yyyy－mm－dd"格式著录。对于形成时间无法考证的，不予著录	create ＿ date：1981－03－30
归档日期	指科技文件材料立卷归档的日期	按"yyyy－mm－dd"格式著录	docum ＿ dat：1999－04－28
档号	由归档后获得的案卷号与文件序号组合而成	可依案卷目录著录	arch ＿ no：078－1981－004－1－0025－001

管理元素集和馆藏元素集可复用 4.3.1 节中所述，即可很好

地发挥帮助发现文献物理位置和辅助加工管理的作用。

4. 产品样本元数据

根据资源分析，产品样本是企业为宣传推销其所生产的产品而精心编制的关于产品的说明性介绍。它涵盖内容广泛，其中一些工业或技术性产品样本更是作为一种重要的科技信息来源在上世纪中期就受到图书情报界的关注，并在上世纪末达到鼎盛，当时许多研究所、图书馆都将产品样本作为一类重点馆藏加以收集。其后由于经费、意识和开发不力等问题的影响由盛转衰，但其价值内涵并未发生改变。产品样本数据具有数据分散、数据不规范和非连续出版三个显著特点。其中数据分散使样本数据采集困难；数据不规范造成样本数据标引加工困难；非连续出版使样本数据更新困难，共同制约了产品样本的价值发挥。因此，设置科技档案描述集共有 4 个元素集，其关系如图 4.10 所示。

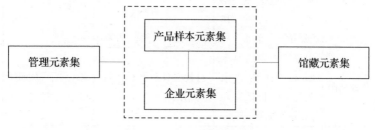

图 4.10　产品样本描述集

（1）产品样本元素集

依据产品样本的特点，设计元数据元素，对产品样本内容进行深刻揭示，兼顾用户利用需求及与其他科技文献类型的相关性，体现科技研究成果的转化规律。具体见表 4.16：

表 4. 16 产品样本元素集

序号	中文名称	英文名称	必备性
1	产品标识符	product _ id	必备
2	产品名称	product _ name	必备
3	关键词	keywords	必备
4	产品发布日期	pro _ issue _ date	可选
5	产品型号	product _ model	可选
6	产品介绍	product _ intro	必备
7	产品图片	picture	可选
8	说明书	instruction	可选
9	相关标准	related _ stan	可选
10	相关专利	related _ pat	可选

其定义与著录规则如下表:

表 4. 17 产品样本元素定义

中文名称	定义	注释	示例
产品标识符	一般是企业赋予产品的唯一编号,用于识别记录的身份	一般位于产品样本封面一角	product _ id: 6922507096369
产品名称	产品的名称	产品样本文献封面上的名称	stand _ name:富士高压 IGBT 变频器
关键词	使用语种与正文相同	关键词的著录应符合各相应语种规范	——
产品发布日期	样品中所述产品的发布日期	按"yyyy－mm－dd"格式著录	——

中文名称	定义	注释	示例
产品型号	记录产品的标准型号	通常出现于产品样本封面，照录	原文为："富士高压IGBT 变频器FRENIC4600FM5e"著录为：product_model：6922507096369
产品介绍	记录产品的综合介绍，包括品牌、性能、参数、规格、外观描述、使用用途等	需综合阅读产品样本后编制，或自动提取	product_intro：综合效率约79%……
产品图片	记录该产品的外观图片网络链接地址	如有位于多个网络地址的多幅图片，需重复著录	picture：http：//www.fujielectric.com.cn/products/low_voltage_inverter/pdf/MCH623b.pdf
说明书	记录该产品相关的说明书文件网络链接地址	可能有多种类型文件链接，如pdf、doc、avi、mpeg等，照录	instruction：http：//www.fujielectric.com.cn/products/low_voltage_inverter/pdf/MCH594n.pdf
相关标准	记录该产品所遵循的相关标准	著录相关标准的标准号	related_stan：ISO14001：00108E20998R1M/3200
相关专利	记录该产品所应用相关专利	著录相关专利的公开号	related_pat：CN3541711

（2）企业元素集

企业对其产品负有责任，是产品样本的生成者和责任者。有相当一部分用户需要通过产品样本联系企业进行进一步的咨询或洽谈。因此企业信息是描述产品样本所不可或缺的一部分。企业元素集（如表 4.18）所示：

表 4.18　　　　　　　　　企业元素集

序号	中文名称	英文名称	必备性
1	企业名称	enterprise	必备
2	联系方式	contact	可选
3	企业类型	ent _ type	必备
4	企业网址	ent _ web	可选
5	企业介绍资料	ent _ intro	可选

其定义与著录规则如下表：

表 4.19　　　　　　　　　企业元素定义

中文名称	定义	注释	示例
企业名称	记录企业的全称。	一般出现于产品样本封底，照录。	enterprise：富士电机（上海）有限公司
联系方式	记录企业的联系方式与联系人姓名	包括企业的地址、电话、传真、email 及联系人姓名。项目与具体内容用冒号"："隔开，不同项目间用分号"；"隔开。通常出现于封底，照录	contact：地址：上海市徐汇区肇嘉滨路 789 号均瑶国际广场 26 楼；电话：021－5496－1117

中文名称	定义	注释	示例
企业类型	标识企业为制造商或经销商等	通常出现于封底，照录	原文为："生产商：铜山县鑫达食品厂" 著录为：ent_type：生产商
企业网址	记录企业的官方网站地址	通常出现于封底，如有多个网址，可重复著录	ent_web：http：//www. fesh. com. cn
企业介绍资料	记录该企业介绍资料文件存放的网络地址	可能有多种类型文件链接，如 pdf、doc、avi 或 mpeg 等	ent_intro：http：//wenku. baidu. com/view/fe99c 10d6c85ec3a87c2c 5ac. html

管理元素集和馆藏元素集可复用 4.3.1 节中所述，即可很好地发挥帮助发现文献物理位置和辅助加工管理的作用。

四、科技文献元数据置标

上文 4.3 一节定义了科技文献元数据的内容结构和语义结构。但如 4.1.3 中所述，一套完整的元数据方案，还要有其语法结构。语义处于思维层面，而语法存在于表达层面，但不管怎样都是人们用于说明、描述、指代事物所不可缺少的两个基本方面。科技文献元数据的语义是指人们对其可以直接读取的内容含义部分，而语法则是指计算机对其可以直接读取的置标结构部分，见图 4.11。

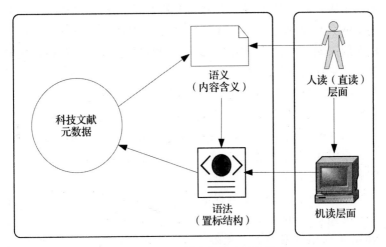

图 4.11　语义、语法与数字对象关系

从图 4.11 可见，科技文献元数据的置标是对计算机读取而言的。显然，没有置标环节很难实现科技文献元数据在计算机数字环境下的机器识读与互操作。

1. 置标语言

为了构建语法结构以实现元数据的机器可读与互操作，首先需要确定具体描述语言及相关语法。如 ISO 2709 沟通了不同的图书馆自动化系统，HTML 使 WWW 文档能在不同的系统间交换，XML 是信息科学领域用来描述元数据的标准置标语言。

（1）XML 语言与 SGML 语言和 HTML 语言

SGML 是 Standard Generalized Markup Language 的缩写，即"标准通用置标语言"。该语言的特点是功能强大，但也非常复杂，能够提供对于电子文件的全面描述，进而实现数字化的分类与检索。由于软件成本高及互联网应用方面的一些技术问题，该语言未能得到广泛的应用，但在计算机置标领域作出了探索性的贡献。

HTML 则是 HyperText Markup Language 的缩写，即超文

本标记语言。它是在 SGML 基础上的发展，解决了 SGML 不适用于网页开发的问题。但 HTML 在所能支持的领域方面受到了较大的限制，对自然科学中一些公式和符号无法进行标记，这也限制了它在科学领域的应用。

在 SGML 语言和 HTML 语言的先导性基础上，XML 语言应运而生，它是 eXtensible Markup Language 的缩写，即可扩展标记语言。它克服了 SGML 的复杂性，拓宽了 HTML 的应用范围，在保留二者优势的基础上有效解决了它们的不足，也为 XML 的广泛应用奠定了基础。

具体来说，XML 语言提供顶层的命名规则，并赋予程序开发者按照规则的要求任意定义自己所需标识的能力，从而使 XML 的应用范围得到了无限扩大。XML 语言还提供结构化的语义描述，在底层以一种 ASCII 的数据结构表达，具有极强的简单性和容错能力，实现了自描述。以 XML 语言描述的对象能够具有平台和应用软件独立性，完美解决了数据交换问题从而为文献信息的广泛共享打下了坚实的基础。

（2）XML 文档

XML 文档是以 XML 语言对数字对象进行标记后所形成的文档，一般以 DTD 完成 XML 语言的结构化组织以及对零散的 XML 语句加以整序和编排，从而构成富有语义内涵的 XML 文档，但也有少量简单文档不需通过 DTD 组织。

（3）XML 应用相关技术

①可扩展样式表语言与层叠样式表。如前所述，为了实现广泛的适用性，XML 语言将数字对象的内容独立于其形式而单独标记，这也符合数字载体的本质特征，允许对相同的文献信息内容采取适于本地现实的表达形式，从而在为用户带来便捷的同时也保证了文献信息的可读性。具体的表达形式可通过 XSL（eXtensible Stylesheet Language，可扩展样式表语言）和 CSS（Cascading Style Sheets，层叠样式表）来实现。

②扩展样式表语言转换。XSLT 是 XML Stylesheet

Language Transformation 的缩写，即可扩展样式表语言转换。随着 XML 语言的应用推广，会形成大量的不同领域的形式各异的 XML 文档，如果能够从这些已有的成果当中复用数据则可以使新的开发大为简化。XSLT 语言即提供了在众多 XML 文档之间实现相互链接和转换的能力。

③XML Schema。XML Schema 的功能类似于 DTD，可以理解为对 XML 语言的语义结构的细化和延伸，它更加注重具体应用当中的细节表达，在一些对细节要求较高的应用中具有良好的应用空间。它以 XML 文档的形式出现，方便了数字对象标记的处理和交换。

2. XML Schema 定义

XML Schema 是 DTD 之后第二代用来描述 XML 文件的标准，是用来对 XML 文档的类型定义的语言，用来规定 XML 文档的数据类型及组织方式，同时还是丰富的元数据资源。XML Schema 是一种定义文件的方式，拥有许多类似 DTD 的准则，但又要比 DTD 更为强大一些。主要有两种重要的模式：Microsoft XML Schema 和 W3C XML Schema，本文使用的是 W3C XML Schema。下面以专利元素集为例，给出本研究制定的科技文献元数据 XML Schema 定义：

＜？ xml version＝ "1.0" encoding＝ "gb2312"？＞

＜xs：schema xmlns：xs＝http：//www. w3. org/2001/XMLSchema elementFormDefault ＝ " qualified " attributeFormDefault＝ "qualified"＞

＜xs：element name＝ "patents"＞

＜xs：complexType＞

＜xs：sequence maxOccurs＝ "unbounded"＞

＜/xs：sequence＞

＜/xs：complexType＞

＜/xs：element＞

```
＜xs：element name＝"patent"＞
＜xs：complexType＞
＜xs：sequence＞
＜xs：element name＝"IPC" type＝"xs：string" minOccurs
＝"0" maxOccurs＝"unbounded"＞
＜xs：annotation＞
＜xs：documentation＞国际专利分类号＜/xs：documentation＞
＜/xs：annotation＞
＜/xs：element＞
＜xs：element name＝"patent_id" type＝"xs：string"＞
＜xs：annotation＞
＜xs：documentation＞记录号＜/xs：documentation＞
＜/xs：annotation＞
＜/xs：element＞
＜xs：element name＝"patent_name" type＝"xs：
string"＞
＜xs：annotation＞
＜xs：documentation＞专利名称＜/xs：documentation＞
＜/xs：annotation＞
＜/xs：element＞
＜xs：element name＝"keywords" type＝"xs：string"
minOccurs＝"0" maxOccurs＝"unbounded"＞
＜xs：annotation＞
＜xs：documentation＞关键词＜/xs：documentation＞
＜/xs：annotation＞
＜/xs：element＞
＜xs：element name＝"patent_type" type＝"xs：string"＞
＜xs：annotation＞
＜xs：documentation＞专利类型＜/xs：documentation＞
＜/xs：annotation＞
```

```
</xs：element>
<xs：element name＝"application _ no" type＝"xs：
string">
    <xs：annotation>
    <xs：documentation>申请号</xs：documentation>
    </xs：annotation>
</xs：element>
<xs：element name＝"proclaim _ no" type＝"xs：
string">
    <xs：annotation>
    <xs：documentation>公开号</xs：documentation>
    </xs：annotation>
</xs：element>
<xs：element name＝"proposer" type＝"xs：string" mi-
nOccurs＝"0" maxOccurs＝"unbounded">
    <xs：annotation>
    <xs：documentation>申请人</xs：documentation>
    </xs：annotation>
</xs：element>
<xs：element name＝"originator" type＝"xs：string"
minOccurs＝"0" maxOccurs＝"unbounded">
    <xs：annotation>
    <xs：documentation>发明人</xs：documentation>
    </xs：annotation>
</xs：element>
<xs：element name＝"attorney" type＝"xs：string">
<xs：annotation>
    <xs：documentation>代理人</xs：documentation>
    </xs：annotation>
</xs：element>
```

```
<xs：element name＝"agent" type＝"xs：string"＞
<xs：annotation＞
<xs：documentation＞专利代理机构</xs：documentation＞
</xs：annotation＞
</xs：element＞
</xs：sequence＞
</xs：complexType＞
</xs：element＞
<xs：restriction base＝"xs：short"＞
<xs：minInclusive value＝"1"/＞
<xs：maxInclusive value＝"500"/＞
</xs：restriction＞
</xs：simpleType＞
</xs：schema＞
```
其他元素集及其中元素皆可照此进行语法定义。

五、科技文献元数据应用实例

定义了 Schema 后，将它保存为一个 XML 文件，例如将上述定义保存到名为 patentschema. xml 的文件中，然后在存储专利文献元数据的 XML 文件中就可以用来描述专利文献。基于上述 Schema，下面以我国实用新型专利——《无线红外转发器》为例，其专利文献元数据 XML 表现如下：

```
<? xml version＝"1.0" encoding＝"gb2312"?＞
<patents xmlns＝"x－schema：patentschema. xml"＞
<patent＞
<IPC＞G08C23/04 </IPC＞
<IPC＞G08C17/02 </IPC＞
<patent_id＞213012</patent_id＞
<patent_name＞无线红外转发器</patent_name＞
```

```
<keywords>转发器</keywords>
<keywords>无线模拟信号</keywords>
<keywords>红外信号</keywords>
<keywords>无线传输</keywords>
<patent_type>实用新型</patent_type>
<application_no>201120246115.0</application_no>
<proclaim_no>CN202134102U</proclaim_no>
<proposer>常州蓝城信息科技有限公司</proposer>
<originator>吴军</originator>
<originator>黄敏</originator>
<attorney>王凌霄</attorney>
<agent>常州市维益专利事务所</agent>
</patent>
</patents>
```

通过以上著录内容我们可以了解到，该篇专利文献拥有两个国际专利分类号："G08C23/04"和"G08C17/02"，分别表示该专利属于"用光波"和"用无线电路"的信号装置；该篇文献在系统中的记录号为"213012"；该专利名称为"无线红外转发器"；以"转发器"、"无线模拟信号"、"红外信号"和"无线传输"为关键词；属于实用新型专利；该专利申请号为"201120246115.0"，公开号（即授权公告号）为"CN202134102U"；专利申请人（也称专利权人）为"常州蓝城信息科技有限公司"；专利发明人为吴军和黄敏；代理人是王凌霄；由常州市维益专利事务所负责代理。

随着XML技术的推广，特别是XMLSchema的应用普及，将会为本研究制定的科技文献元数据提供广阔的数字化应用前景。

六、本章小结

根据信息增值原理，信息的序化是增值的基础。而对于数字化科技文献来说，元数据是对其整序的基础工具。本章依据《中文元数据标准框架及其应用》，按照模块化、可扩展、统一化、满足需求和互操作的原则设计科技文献元数据规范，以期实现文献选择、文献识别、文献获取和加工管理的功能，同时为下文科技信息网格的构建与服务的提供打下坚实基础。本规范中元数据元素的定义方法采用国际标准 ISO/IEC 11179。

考虑到目前 NSTL 已经制定了期刊论文、会议论文、学位论文与科技报告的中文元数据规范，并已应用于实践取得了良好的效果。本文不再进行重复研究。所以重点制定专利文献、标准文献、科技档案、产品样本的元数据规范，并完成其 XML 置标，作为对现有标准的补充与完善，使研究成果更具实践应用价值。将本规范与 NSTL 的现有规范联用即可提供完整而全面的科技文献元数据描述。

总结起来，本章解决了科技文献信息的元数据描述问题，为其在数字环境下的进一步开发利用奠定了基础。同时，科技文献元数据的应用能够实现信息构建理论中的信息标引，也为信息流模型中的编码与标引工作提供了手段，为此二者与其他元素的互动提供了基础。

第五章　数字环境下科技文献信息
网格的构建与应用

　　上一章的科技文献元数据开发，为数字环境下各类科技文献的集中检索与广泛共享提供了基础和工具，即通过建立领域内统一、标准的元数据规范消除资源描述的歧义性。所以，通过元数据来对不同种类的科技文献进行深入揭示与描述能够为用户利用调查中反映出的"检索工具缺乏"、"资源过于分散"和"查找利用不便"的问题解决提供基本条件和手段。

　　但仅仅如此是不够的，因为当前科技文献信息源在数字环境里以一个个"孤岛"的方式而存在，这是用户利用调查中提出的"科技文献查找利用不便、资源过于分散"的根本原因。

　　根据信息资源共享理论，信息管理工作的最终目标是任何人在任何时候、任何地点，均可从任一信息源获得任何信息资源。为此，必须在元数据这一基础工具之上建构上层应用，针对科技文献种类繁多、生成分散、分布广泛的特点搭建起用户查找、获取和利用科技文献信息的统一平台，解决科技文献资源整合、共享与集中提供中的系统异构、数据海量、处理困难等问题。计算机科学与信息科学近年来的研究表明，网格——这一异构资源动态整合工具是完成该任务的有效手段，也能够解决前文作用要素所提出的集成共享和组织加工问题，同时为服务的提供创造有利环境。

一、网格概述

从信息资源共享理论的视角看，网格可以理解为一种网络型的信息共享模式。但实际上网格的含义与作用还不只如此，应用网格技术开发利用科技文献信息，首先要对其概念与特点等有正确的理解。

1. 网格的含义

网格（grid）的理念萌生于1969年Kleinrock所表述的"像使用电力和电话设施一样来使用计算机"的构想。① 它的原型是1992年美国国家超级计算应用中心提出的"元计算"概念。其后，网格逐渐被解读为伴随网络技术而发展起来的一种网络计算平台，利用它可以在因特网上实现各类实体的、虚拟的、分布的、异构的资源共享。国内外有许多学者都对网格的含义进行了探讨，提出了自己的理解。可以将这些理解划分为两种角度：

广义视角下，网格被理解为全球化大型网格（great global grid，GGG），范围上不仅包括各种类型和应用领域的网格，还包括对等计算、端到端计算、进化计算、普适计算与分布式资源共享等网络计算模式。

狭义的网格概念以美国阿贡（Argonne）国家实验室Globus项目为代表，认为网格以开放的对外接口实现了分散资源的虚拟集成共享，达到整个服务能力的提升，而不是简单的单机计算服务。

目前，普遍为科研工作者所接受的网格概念，是Ian Foster表达的："网格是建构在互联网上的一组新兴技术，它融高速互联网、高性能计算机、大型数据库、传感器、远程设备等为一

---

① Smarr L，Catlett C. Metacomputing [J]. Communications of the ACM，1992，35（6）：124—135.

体，为科研工作者和普通公众提供多于普通互联网的资源、功能与交互。"① 互联网解决了跨时空通讯的问题，而网格则提升了人们利用全球范围内各类资源的能力。概括起来，它将整个互联网整合为一个超级计算机和海量的资源池，面向用户提供电力网般的"即插即用"式的便捷的资源利用方式。其根本目的在于消除资源孤岛，实现资源高度共享，使互联网资源得到充分的利用。

2. 特点与优势

由其含义可知，网格是互联网的延伸和发展，是下一代的互联网，与现有的网络相比，网格具有如下特点（见表 5.1）：

表 5.1　　　　　　　网格与互联网的相对特点

	网格	互联网
共享范围	将互联网上各种实体和虚拟资源全部纳入共享	以硬件的联通实现页面的共享
结构体系	具有以五层沙漏结构和 OGSA 等为代表的多种体系结构	具有统一的连接、互通、通讯和应用 4 层结构和统一的通讯协议
共享模式	以 C/V（用户端/虚拟服务器）结构实现分散资源的虚拟集成共享	以 C/S（用户端/服务器）结构为主，以分布集成的方式实现共享
共享效率	共享资源的接入和断开非常灵活，通过虚拟资源的利用，获得了极高的性能，可根据用户需求就近提供利用	受设备性能、网络流量等因素影响较大

可见，虽然传统互联网与网格在基本目标上（广泛共享、有

① Ian Foster. WHAT IS THE GRID? A THREE POINT CHECKLIST〔EB/OL〕.〔2012-04-16〕. http：//www. it. jcu. edu. au/Subjects/cp5170/2006-2/Tsv/resources/session1/What _ is _ the _ Grid. pdf.

效聚合，通过各种技术、方法和策略将网上资源提供共享和利用）是一致的，但在技术和性能方面网格明显占优，从而在结构体系与共享的范围、模式和效率上有着更出色的表现。也可以说，网格的特点决定了它具有下述优势（见表 5.2）：

表 5.2   **网格的优势**

优势	内容
分布基础上的共享	网格整合分布的实体与虚拟资源，提高了计算性能与服务能力。同时通过整合实现了资源的广泛共享
灵活基础上的容涵	网格资源呈现出动态的灵活性，即可以随时接入或脱出网格，避免了不必要的日常消耗。这种灵活性决定了网格内的资源必然是异构的、多样的，网格能够以互操作的方式支持它们之间的通讯与整合，体现了自身的容涵性
自我调整与适应	网格能够在不影响现有结构和系统的情况下，针对新的应用接入新的资源与服务，并不断进行技术升级
稳定的容错性	网格以其分布资源互为保障，应对可能存在的各种风险，即使部分资源发生意外，也可使用替代资源保证服务的延续性
虚拟化集成	网格以虚拟的方式组织资源，提供资源利用，在逻辑上实现了各类资源的广泛集成

所以，网格能够将互联网上数量巨大且类型各异的资源通过协同手段加以集成，从而生产出更多的效能，同时以应用服务的联合向用户输出高效的开发手段和良好的应用环境，向用户提供个性化的信息服务。

3. 网格的种类

从不同的角度出发，对网格有多种分类方法。如按所关注的技术问题可分为数据网格、信息网格、知识网格和服务网格等；

按应用的领域又可归类为科学网格、商务网格和个人网格等。其中最具代表性的分类表述有：

（1）层级式划分

欧洲网格项目对网格施以三层框架式划分，即将网格细分为数据网格、信息网格和知识网格（如图5.1）。

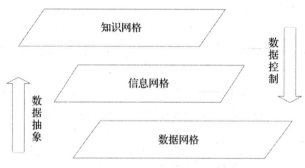

图 5.1　网格三级划分

数据网格（data grid）处于最下层，主要针对数据访问问题的解决。在此层次中，通过网格技术连接世界范围内不同地域、不同接口的各种设备和资源，同时提供一个便于访问的入口。具体来讲，其中主要运用的技术包括：网络存储、分布式数据库、对象化访问以及访问机制等。此外，还需要重点处理各种计算设备的控制与接入问题，包括无线设备、个人数据处理和传统设备等。科学计算也运行于数据网格中，因为科学计算对数据的处理要求相对简单，格式单一，不涉及异构、复杂且包含内在语义问题的信息处理。

信息网格（information grid）建构在数据网格之上。该层次的任务和作用可以概括为将"异构的信息访问"转化为"同构的信息访问"。异构信息访问是指在下层已建立可用的数据访问入口的条件下，由于信息来源不同，具有完全异构的数据结构而不能有效地直接为用户所用。要解决这一问题，使得互联网信息群不再"孤岛林立"、沟通困难，需要建立面向信息内容的统一表达和转换机制，才能实现同构访问。这也就是信息网格的功能和任务所在。

信息网格之上是知识网格（knowledge grid）。在信息网格层已经解决了异构信息访问问题，借助信息网格提供的格式化信息（如元数据），知识网格能够方便且相对准确地从广域互联网中获取各类资源。借助这些海量的同构信息，知识网格可以实现知识的自动积累，实施知识挖掘。总结起来，数据网格负责完成数据访问途径的开拓，信息网格负责大量异构信息的集成，而知识网格在前两者的基础上利用计算机技术发现隐藏于信息背后的规律。

可将此三种网格的分工归纳为表 5.3：

表 5.3　数据网格、信息网格与知识网格的功能比较

网格种类	解决的问题	不关注的问题
数据网格	海量数据存储与共享； 为计算任务建立底层数据仓储	类型多样复杂的信息格式； 信息表示与元数据； 智能化信息获取
信息网格	智能化信息获取； 信息检索； 信息表示； 多类型元数据与结构化； 提供信息服务	海量数据存储与管理； 数据挖掘； 问题求解； 海量数据计算与访问
知识网格	数据挖掘和知识挖掘； 规则发现； 数据与信息的可视化； 本体转换	无结构信息的半结构化； 元数据格式匹配与转换； 智能化信息检索

（2）联动式划分

A. Reinefeld 与 F. Schintke 将网格划分为信息网格、资源

网格和服务网格。[①] 其中信息网格的主要任务是搜集与发布世界范围内任一地点、各种主题的信息；资源网格的任务是联结计算机、数据库、应用程序和特定电子设备等实体资源，并提供它们之间的协作机制；而服务网格负责以独立于地域、硬件平台和执行程序的方式提供各种无形服务。三者之间的联动关系如图 5.2 所示：

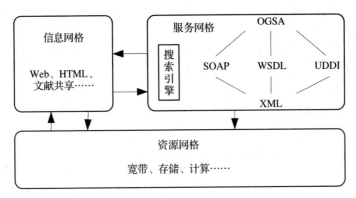

图 5.2 网格的联动式划分

信息网格向资源网格和服务网格提供数据及信息支持，同时获取资源网格或服务网格所产生的新的数据和信息。服务网格所提供的服务则是建立在资源网格提供的有形资源和信息网格提供的信息及数据参数基础之上的。所以，总结起来，信息网格提供了数据及信息基础，资源网格提供实体计算或上网资源，服务网格利用信息和资源向用户提供完整的服务。用户只需要通过搜索引擎进行一站式的检索，就可以获得所需的信息、资源和服务，而不需要知道它们处于何处。

可以看到，不管采用何种分类方式，信息网格始终处于不可

---

① A. Reinefeld，F. Schintke. Conceptes and technologies for a worldwide grid infrastructure ［EB/OL］. ［2012 － 03 － 23］. http：//www. springerlink. com/content/uppxeyxga61abay8/.

替代的位置，它集成和提供海量异构的信息资源，是整个网格体系中的基础和纽带。因此，构建科技信息网格是利用网格技术促进科技文献信息开发利用的关键。

二、科技文献信息网格的定义

1. 概念界定

信息网格允许用户以及应用程序通过各种类型的网络安全地对存储于任何地点的任何信息进行访问。由信息访问与集成中间件负责提供需要的工具与组件，包括对数据的访问、数据存储管理和数据策略。通过信息网格，用户能够以集成的、协作的方式利用来自于不同组织的数据与信息，从而消除信息孤岛。

当前各个领域的学者都已经开始关注信息网格在本领域的应用，并进行了一定的研究和探讨（见表 5.4）。

表 5.4　　　　　　　　　　信息网格应用领域

应用领域	简介
校园信息网格	以校园网为基础，整合多学科信息资源与计算资源，面向校园网用户提供利用
生物信息网格	越来越多的生物信息学家需要直观的、具有良好互操作性的计算环境，于是，透明地调度作业和访问数据越来越受到重视。针对目前网格服务中普遍只使用命令行来进行操作的问题，建立生物信息网格让用户能够简单透明地使用网格资源、透明地提交作业、轻松地在网格中布置应用程序，不需要了解网格中间件及底层的网格资源

应用领域	简介
海洋信息网格	针对海洋信息的分布性、数据和信息类型及格式的多样性、数据的海量性，以及数据处理的计算量大等特点，采用三层架构模式，有效整合各类海洋信息资源，实现分布式多源海洋信息的共享与交换，提供可靠的海洋信息网格服务
军事信息网格	以实时动态的消息通讯和资源共享为主要方式，以虚拟的组织协调和战略制定为主要功能，支持多军种、多兵种的联合作战
医疗信息网格	能提供各种一体化医疗信息服务的网格基础设施。医疗信息网格依托现有的医疗信息基础设施，充分利用信息网格技术提供的无缝、集成的计算和协作平台，对所有软硬医疗资源进行有机融合，实现各种诊疗信息、行政管理信息、保障信息等高度共享和全面协作
报业信息网格	是在报业媒体中应用的用于整合信息资源的网格。作为一种应用型的网格技术，报业信息网格依托现有机构内部资源整合调查、采访、报道、组稿等一系列环节，向采编人员、管理人员以及广大的受众群体提供一体化的智能信息平台，即向采编人员及受众群体提供"随手可得"式的新闻信息服务
文化信息网格	文化信息网格是以网格技术为基础，以全国文化信息资源共享工程为依托，基于宽带传输和海量信息组织、Web Services 等技术和网格基础支撑环境的文化信息应用平台，是进行文化信息生产、传播及服务的信息基础设施

应用领域	简介
交通信息网格	针对交通信息处理的动态性、并行协同性、分布海量信息共享的特点，交通信息网格系统将海量的流动车辆采集到的 GPS（全球卫星定位系统）数据，用交通信息网格平台进行处理，为用户提供交通信息服务
林业信息网格	以网格联结现有林业信息系统，实现林业信息系统的集成和协同操作，使分布在网络上的各种资源能够被充分共享与高效利用，并实现一体化管理，从而能有效地满足林业信息系统对大规模计算能力和海量数据处理的需求，以期为林业管理人员提供快速、高效的空间信息服务

可以看到，信息网格正以其优越的性能极大地促进着多个领域的发展，对于科学研究领域来说也不例外。

然而目前还没有成型的、充分整合科技文献信息资源的科技信息网格，致使科技文献信息资源还处于分散的休眠状态。因此，有必要参照其他领域已有的经验，建立科技文献信息网格。在对其他领域信息网格进行归纳的基础上，笔者认为，科技文献信息网格应该是一个针对科技文献资源分散性、类型和格式多样性、内容灰色性及信息量巨大的特点，整合各种科技文献生成与存储机构所拥有的专利文献、标准文献、会议论文、期刊文献等及其检索和服务系统，提供快速计算处理与共享，在用户分级管理的基础上实现一站式技术透明利用的资源整合与应用平台。

2. 功能设计

构建科技文献信息网格首先要对其功能进行设计。根据前文科技文献的资源特点分析以及用户利用需求调查，本研究认为科技信息网格应具备如下基本功能：

（1）信息集成

通过前文的叙述可以了解，科技文献的获取途径零散而繁多。即使同一类科技文献（如专利文献）也有多个数据库提供检索，产品样本更是分布于无数的企业网站，它们各自独立，互不关联，成为所谓的信息孤岛。虽然这些"孤岛"之间暂时还有充足的带宽资源可用，但大量的科技文献资源长期被闲置在这些数据库里"休眠"，它们之间并不能按照用户的利用需求与意愿进行有意义的交流，再加上开发不足和低水平重复开发现象并存，造成了科技文献信息资源利用率低、妨碍科技成果转化的弊端。

因此，我们迫切需要充分发挥网格的原始理念——即像电力网一样建立一种有效的数据管理体系结构，把这些孤岛联系起来。同时缩减从原始数据当中提取出高层信息，并进一步完善高层信息的处理时间，将高性能计算机的计算能力和数据处理及发布能力加以有机的结合，为在网格中实施科技文献信息资源发现，并进行高效的数据访问提供有力支持。

（2）统一检索获取

科技文献信息资源是由分布在异地的、异构的信息仓储组成，小到个人的信息收藏，大到一个企业数据库，专业的联机检索系统、大学图书馆、搜索网站等，都可能是科技文献的提供者。每个仓储也都是一个相对独立的信息空间，具有各自的信息组织方式和处理方式，并以不同的查询方式提供检索利用。而用户信息需求的满足往往需要涉及多个文献类型。也就意味着要查询多个数据库才能完成，所以要求用户必须了解每一个数据库的特性并掌握其检索技术。这也是造成科技文献"检索获取不便"的主要原因。所以我们需要利用网格将各种科技文献信息整合为一个完整统一的资源集合，提供一致的检索界面和检索技术，自动执行跨库检索，在不同的信息格式、检索方式间为用户提供一站式、技术透明的统一检索。

（3）资源共享

当前没有一个机构具有能力购买所有的科技文献资源，或进行全方位实时的软硬件升级。而网格的根本特征是资源共享。所以我们需要利用网格实现互联网上所有资源——不仅是科技文献资源，还囊括软硬件资源、计算资源、存储资源、通讯资源与知识资源等的全面共享，通过网格系统使网络资源被充分利用来实现科技文献信息的价值。

（4）用户管理

首先，有些科技文献具有保密性，并不允许所有公众随意地获取利用。所以需要在科技信息网格中添加用户分级管理功能，控制科技文献的获取权限，保证保密科技信息的安全。其次，为方便广大用户使用网格资源，也应该建立一套统一的网格身份创建、验证、使用的机制。用户可以通过单点登录来表明自己的身份，从而得到适当的授权，进而使用网格系统中该用户被允许使用的资源。这种用户身份应该能够在各虚拟组织、各管理域之间统一使用。

（5）服务拓展

根据上一节的定义，可以将科技信息网格理解为一个应用现有的网络基础设施、协议规范和数据库技术等，为用户提供一体化利用的科技信息平台。在这个平台基础之上，需要建立大量的网格服务帮助科研工作者进行科技信息的搜集、传递、共享、整序、发布、挖掘、发现及参考咨询、科学计算、交流讨论等一系列科研工作。因此，要求科技文献信息网格具有良好的服务可拓展性，能够无缝地集成整合并且随时添加或删除各类服务商提供的各种服务与应用。

三、科技文献信息网格结构设计

1. 总体结构

为了满足功能设计中的各项要求，设计科技信息网格总体结构如下（见图5.3）：

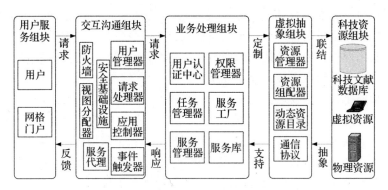

图 5.3　科技文献信息网格总体结构

（1）科技资源组块

该组块是用户利用科技信息网格资源的基础保障，是由用户能够实际利用的各类同构及异构的分布于各处的各种类型的科技资源组成。它不仅包括科技文献信息资源还包括大型计算机、实验室、应用程序等实体资源。它也是整个科技信息网格的基础。

（2）虚拟抽象组块

该组块负责对科技资源组块提供的异构资源进行虚拟化，其目的是屏蔽底层资源的异构性，为其他组块提供统一的资源形式，并将科技资源进一步抽象为各类科技服务以为用户利用提供支持。通常以虚拟组织的形式提供科技资源的虚拟化及各类科技资源的协同工作。

（3）业务处理组块

该组块是科技信息网格中重要的核心管理工具，提供包括服务的创建、维护、服务生命周期管理等业务功能。本研究拟使用传统设计模式中的服务工厂模式。由其负责网格服务的注册，同时公开各项服务接口以为用户访问提供方便，根据用户利用需求查找并调用各项服务。

（4）交互沟通组块

该组块提供基于密钥的网格安全基础设施（GSI）协议、单点登录的身份验证（SSO）、通信保护以及一些受限托管支持。

SSO 允许用户在进行一次身份认证之后便建立代理证书，随后代理证书可被程序应用于任何远程服务的身份验证。在保障用户利用网格资源的便捷性的同时，满足网格对用户进行分级管理的需求。该组块实施网格服务代理（GSP）的概念，GSP 的主要功能是为用户获取满足需求所要用到的网格服务。它是介于用户界面与网格服务器之间的一台服务器。通过 GSP，用户通过交互界面表达需求后，不必直接到网格服务器去调用所需的各项服务，而只需向代理服务器发出请求，请求消息送达代理服务器后，由代理服务器负责取得用户所需要的各类服务并通过界面传递给用户。这种流程既能够维护网格服务的统一管理，又能够保证服务提供的安全性。

（5）用户服务组块

该组块主要提供用户利用的界面。该界面负责屏蔽网格技术的复杂性和网格资源的多样性。用户可以定制界面的内容，并通过该界面透明地、集中地、一站式地访问网格中的各种科技文献信息资源与服务。

2. 拓扑结构

（1）用户—交互拓扑

为了满足功能设计中提出的用户管理与统一检索获取，对用户组块和交互组块之间做如下拓扑设计（如图 5.4）。

用户只需要通过用户界面即可完成对科技信息网格的一切操作。首先，用户进行登录/注册，交由用户管理器审查身份并赋予用户权限，再由服务代理根据用户的访问权限处理用户请求，调配适当的应用或服务满足用户需求。最后无论用户获取了何种格式、何种类型的科技信息及物理或服务资源，都由视图分配器做统一响应，集中反馈给用户。

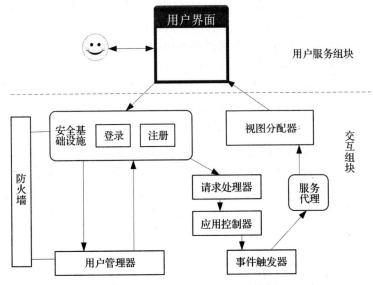

图 5.4 用户—交互拓扑结构

（2）交互—业务拓扑

交互组块与业务组块的拓扑关系（见图 5.5）有助于进一步实现科技信息网格用户管理、服务拓展及资源共享的功能。

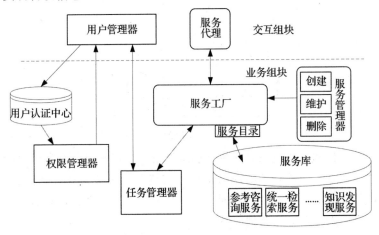

图 5.5 交互—业务拓扑结构

　　一方面用户管理器通过用户认证中心和权限管理器获取用户权限。另一方面，服务代理把用户需求传递给服务工厂来获取用户所需服务。服务工厂既可以利用现有的科技信息服务进行组配与调度来满足用户需求，也可以通过任务管理器对下层资源进行进一步抽象和利用来形成新的服务。网格服务的创建、维护与删除由服务工厂中的服务管理器负责。

　　（3）业务—虚拟抽象拓扑

　　为了满足科技信息网格资源共享和信息集成的功能要求，需要虚拟抽象组块的支持。同样，该组块在建立整合资源池后，向各种网格服务及业务处理提供支持，是科技信息网格实现整合式开发利用的保证。它与业务处理组块间的拓扑结构如下（见图5.6）：

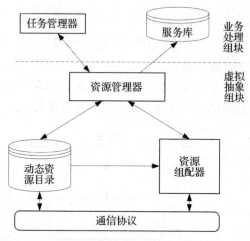

图 5.6　业务—虚拟抽象拓扑结构

　　虚拟抽象组块主要通过动态资源目录、资源组配器和资源管理器三者之间的联动实现对抽象科技资源（包括科技文献信息、计算工具等）的整合与调配。然后根据业务要求将整合后的资源提供给网格服务或其他任务。

（4）虚拟抽象—资源拓扑

为了实现科技信息网格信息集成和统一检索的基本功能，需要由虚拟抽象组块对科技资源加以抽象整合。本研究利用 OAI 协议完成这一功能。具体的拓扑关系见图 5.7：

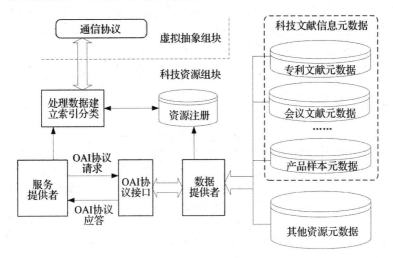

图 5.7　虚拟抽象—资源拓扑结构

由数据提供者利用元数据整合各类资源，并通过 OAI 协议与服务提供者交互，同时注册资源。再由服务提供者结合资源注册建立索引分类，通过各类通信协议供虚拟抽象组块利用。

3. 节点组织结构

科技信息网格的基本单位是节点，可以将网格理解为各个节点相联结的集合。在明确了科技信息网格的总体结构和各部分间的拓扑结构之后，需要继续深入研究其节点组织结构。

科技信息网格由分散在广域网上的各科技文献信息资源提供者和服务功能提供者组成，网格管理中间件将这些资源提供者封装为网格节点，即构成信息节点。对这些信息节点的组织，总体上遵循信息共享理论提出的平等、资源共享和互惠原则。网格上还存在另外一些节点负责对网格资源进行管理、提供各类服务，或者对用户操作行为进行监控、保证数据在存储和传送过程中的安全等任务，这些具备管理与控制功能的节点统称为功能节点。

（1）信息节点

底层的科技文献资源提供者构成一个个信息节点，其内容包括但不限于科技文献资源，也可涵盖网络文档等。由网格管理中间件搁置它们内部结构的差异，对其进行一一封装后纳入网格环境之中。这些信息节点主要负责通过通用的标准协议与数据接口，为功能结点提供所需的各种数据资源，保障功能的顺利实施。不同种类的科技文献资源可聚合成不同的网格信息节点（见表 5.5）。

表 5.5　　科技文献信息网格中的信息节点

节点名称	节点内容
期刊文献节点	期刊文献节点主要负责连接并提供期刊文献资源，可以以现有的国内 CNKI 科技期刊数据库、万方科技期刊数据库、维普科技期刊数据库、中国科技论文在线以及国外的 OCLC、ISI Web of Knowledge、Emerald、IEEE、ProQuest、SCI、EI 等为主，以其他众多专业性期刊数据库为辅，联结尽可能全面的资源，为科技信息网格提供基础保证
科技图书节点	以国家科技图书文献中心、超星数字图书馆、书生之家数字图书馆以及国外 EEBO、NetLibrary、Springer 等数字图书馆为主，同时联结并搜集国内外各公共图书馆、大学图书馆的馆藏资源。最后还要积极联合科技图书出版商，以获取最新的书目信息

节点名称	节点内容
专利文献节点	联结中国知识产权网、中华人民共和国国家知识产权局网站、中国专利信息网、万方数据知识服务平台·专利检索、CNKI《中国专利数据库》、美国专利数据库检索、esp@cent 世界专利检索系统、日本专利局工业产权数字图书馆等国内外知名专利文献数据库
标准文献节点	联结中国标准服务网、中国国家标准咨询网、中国标准出版社、万方数据资源系统以及 ISO、IEC、ITU、CEN 等国内外多个标准化组织及数据库。为科技信息网格提供标准文献资源保障
会议文献节点	联结 Conference Paper Index（CPI 会议论文索引）数据库、Web of Science Proceedings（WOSP）数据库、英国图书馆文献供应中心会议文献数据库、万方《中国学术会议论文库》、国家科技图书文献中心（NSTL）《中文会议论文库》、上海图书馆会议资料数据库等专门会议文献资源库
学位论文节点	综合中国高等学校学位论文检索信息系统、中国学位论文书目数据库、高校学位论文库园地、CNKI、PQDD（ProQuest Digital Dissertations）、OCLC 等硕博学位论文数据库，为科技信息网格提供高质量学位论文信息

节点名称	节点内容
科技报告节点	美国政府报告数据库（简称 NTIS 数据库）、Documents & Reports of the World Bank Group、Economics WPA、美国商务部 FedWorld 信息网、NBER Working Paper、Networked Computer Science Technical Reports Library、The Congressional Research Service Reports、国研报告数据库、中国资讯行子库·中国商业报告库、万方数据资源系统的科技信息子系统以及中国航空信息网和北航科技报等均是值得关注并搜集的科技报告资源对象
产品样本节点	注意搜集各个行业中生产制造企业及销售企业的网站，爬取保存并整合其中的产品样本信息
科技档案节点	联结国内外数字档案馆、档案网站、科研机构网站等。由于科技档案大多具有密级，因此主要收集其目录信息与内容介绍
其他文献节点	负责收集广域互联网上零散分布的、其他种类科技信息（如课件、经验总结等灰色文献）

通过这些节点的互联能够为科技信息网格提供全面的科技文献信息资源保障，实现信息的广泛集成。

（2）功能节点

科技信息网格的功能节点包括如下几种：

元数据采集节点，主要功能是采集来自各信息节点的科技文献资源的元数据，必要时加以重新著录，入库保存，以为统一的信息检索提供支持。元数据的采集和存储不能仅依靠单一的节点完成，而应由几个节点共同负责，保存多个副本，如此才能确保元数据自身的安全、稳定和持续。

元数据目录节点，针对科技信息网格中的元数据建立目录和索引，作为资源虚拟集中和统一检索的工具。

统一入口节点,以封装的方式将网格资源的访问接口整合为网格服务,能够有效提高网格整合资源的灵活性和用户使用的便捷性。用户单点登录获取权限后即可调用所需的网格服务代替用户在网格中寻找匹配的资源,找到满足需求的信息,归纳整理后向用户反馈,用户不需要了解整个后台的检索技术和繁琐过程,大大节省了用户时间,降低了科技资源的利用门槛。

注册与认证节点,负责制定网格安全策略并实施监控,同时负责用户的注册认证和服务的注册与发布。具体来说,该节点通过身份认证决定哪些用户或服务可以接入科技信息网格,并且规定每名用户可以合法访问的资源,从而保证科技文献信息的安全存储与流转。

(3)科技文献信息网格节点组织结构

科技文献信息网格中的节点不能以一盘散沙的形态存在,而必须按照一定的结构加以组织,形成高效的网络。

①纵向树形结构。依据上文设计,由科技文献信息网格下设功能节点与信息节点两个根节点。以信息节点为例,采取元数据与文献资源实体——对应的形式按树形结构组织科技文献资源,即每个数字化科技文献实体都有相应的元数据对其加以描述,而每个信息节点都利用多个树状的目录将元数据组织起来(如图5.8所示),构成信息节点的树形结构。

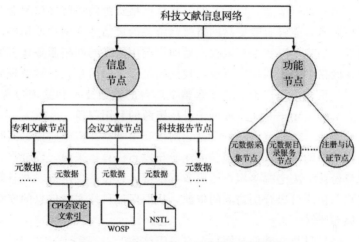

图 5.8　科技文献信息网格纵向树形结构

②横向网状结构。节点是孤立的，科技文献信息网格的节点组织不能只停留在自上而下的树形结构上，各个同级节点之间也要建立联系，这些联系能够以横向的网状结构来表达。

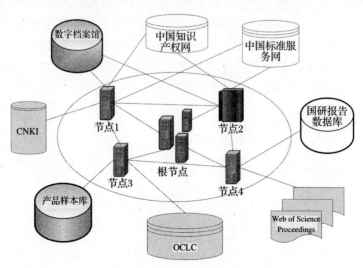

图 5.9　科技文献信息网格横向网状结构

　　图 5.9 描述了科技文献信息网格节点的横向组织方式。它代表着科技文献资源的虚拟集中过程，即由各个信息节点构成树形结构的末端，由就近的服务器对它们采用收割元数据的方式加以整合，再汇总到根节点提供统一利用。

　　在树形结构的基础上，各网格节点独立地整合信息并提供服务。根节点可以通过调用各个节点上的信息资源，实现各个叶子节点的整合。

　　彼此相邻的两个节点间的关系比较密切，可以形成对等节点或关联节点。对等节点可以为相同的信息资源提供不同的获取途径，从而实现科技信息网格稳定的容错性的特征，实现网格服务的可延续性，为扩大网格服务的可及性提供基础条件。通过对等的兄弟节点，一方面突破了单服务器在性能上的限制，另一方面能够实现故障的快速转移，确保整个科技信息网格系统的稳定性。例如，图中椭圆内节点 1 与节点 2 是对等节点，因此根节点在执行用户请求的过程中，可以在两个节点间权衡后作出最优选择。当它们两者之一发生问题时可以另一方进行替代。关联节点（节点 3 与节点 4）是指二者具有一定的共性特点，所涵盖的资源内容可能有所交叉，能够为用户进行跨领域的研究提供基础条件。

　　③节点联动模型。实际的网格应用中，为了满足用户的特定需求，各个节点是联动工作的（如图 5.10）。

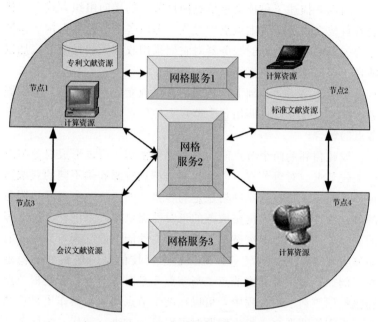

图 5.10　节点联动组织模型

当提供具体服务时，由根节点接收用户需求开始，依照用户权限逐级向各个下层节点调用资源。每一个节点，可以理解为一个资源中心，通过不同资源中心的联合，可以形成基于资源共享的节点联动组织模式，即为了满足一个用户请求所调用的网格服务可以调配一个或多个节点的全部或部分资源，具体调配的方案又由网格服务根据需求而动态确定。

四、科技文献信息网格的功能实现

回顾前一节中对科技文献信息网格的功能设计，以上通过广泛的节点联结与组织实现了资源共享；通过网格安全基础设施以及用户管理器、注册中心、权限管理器等的联动实现了用户管理的功能；服务拓展功能将在下一章详加论述，因此本节重点关注科技文献信息网格最基本的信息集成与统一检索功能。

1. 信息集成

信息集成的关键包括两个层次，一是对不同科技文献资源检索接口的整合，另一个是对科技文献元数据信息的整合。

对不同数字化科技文献资源检索接口的整合主要是针对提供商（如国内的方正、维普等）采用的非标准接口，由于标准性的缺失，难以直接收集到元数据。所以在实践中应积极与科技文献提供者展开合作，采集对方的文献索引、文摘及科技文献信息内容并依照科技文献元数据元素著录，同时将生成的元数据文件导入元数据目录保存。如此一来，就可以通过元数据目录同时对多个科技文献信息源进行集成，并能直接通过链接进行获取。对于采用第四章设计的科技文献元数据规范描述的科技文献，可直接将其元数据信息存入元数据库。对使用不同元数据格式描述的科技文献资源，本研究拟采用 OAIS 参考模型并遵循 OAI－PMH（Open Archive Initiative for Protocol Metadata Harvesting）协议实现科技文献信息集成。

（1）OAIS 参考模型

OAIS 参考模型是 CCSDS（美国空间数字系统咨询委员会）应 ISO（国际标准化组织）的要求而开发的参考模型，其目的是为了对数字信息的长期保存提供支持。[①] 在 CCSDS 和 ISO 的推动下，OAIS 参考模型已经被国际数字信息资源管理标准所接受。该模型为数字信息资源的长期存储确立了生产者、管理者和用户三个参与主体，并定义了摄入、存储、数据管理、保存规划、管理和存取 6 项功能：（见图 5.11）。

---

① Reference Model for an Open Archival Information System（OAIS）．［EB/OL］．［2012－03－26］．http：//public．ccsds．org/publications/archive/650x0b1．pdf．

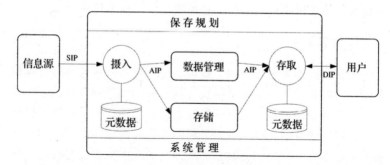

图 5.11　OAIS 参考模型

其具体组成成分与分工见表 5.6：

表 5.6　　　　　　　　　　　OAIS 成分表

OAIS 组成成分	含义与功能
SIP（Submission Information Package）	信息生产者向 OAIS 系统提交的信息包
AIP（Archival Information Package）	OAIS 系统保存的信息包
DIP（Dissemination Information Package）	OAIS 系统响应用户需求而提供的信息包
摄入	负责将 SIP 接收进入网格系统
数据管理	负责文献信息长期存储过程中的操作
存储	负责将数字化科技文献信息存储在网格系统中
系统管理	负责监控各个模块的运行
保存规划	负责制定 OAIS 模型的存储策略

（2）OAI-PMH 协议

OAI - PMH 协议以有选择的获取方式（Selective Harvesting）为核心提出了一个技术框架，应用该框架可以在系统间实现元数据交换，也就是说，OAI-PMH 协议是一个元数据互操作协议。它的基本原理是将数据提供者所提供的元数据表达为公共的中间元数据格式（一般以简化的都柏林核心集为映射中心），使用 XML 进行统一编码，将元数据的检索操作与解决方案外包给服务提供商。一次实现对分布异构资源的虚拟整合并为统一检索打下良好基础（如图 5.12 所示）。

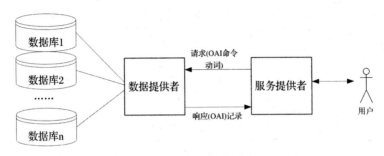

图 5.12　OAI 框架示意

在 OAI－PMH 的互操作框架中，有两个重要元素，一是数据提供方（DP，Data Provider），二是服务提供方（SP，Service Provider）。它们之间的信息传递通过 OAI 请求（以命令动词方式发出）与 OAI 响应（以 OAI 记录方式存储）的方式来完成。服务提供方发送 OAI 请求向数据提供方请求获得元数据，数据提供方对来自服务提供方的 OAI 请求做出响应，并以 OAI 记录的方式提供元数据。一个服务提供方可将多个数据提供方作为元数据来源，一个数据提供方也可以面向多个服务提供方提供元数据，它们之间是一种多对多的关系。因为大多数机构既是服务提供者也是数据提供者，所以现实中，服务提供方与数据提供方可以是不同的机构，也可以同属一家机构。

（3）信息集成功能框架设计

以系统的视角观察，科技信息网格可以看作一个对科技文献信息资源进行存储、管理与服务的系统。该系统囊括了 OAIS 参考模型中的摄入、存储与利用功能，同时也必须遵循一定的标准。本研究依照 OAIS 参考模型，以 OAI－PMH 为标准协议，构建科技信息集成的功能框架（见图 5.13）。

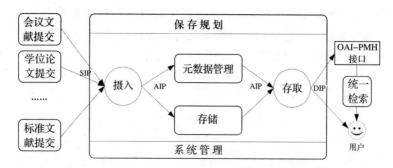

图 5.13　基于 OAIS 与 OAI－PMH 协议的科技文献信息集成

　　在此框架中，可将科技文献信息网格视为一个共享集合，在 OAIS 的规范下依照 OAI－PMH 协议实现各科技文献信息源的资源共享。首先由相关责任者，向网格系统提交科技信息（主要是元数据信息），经过摄入环节后，交由科技文献信息网格按照事先制定的保存规则（包括科技文献的分类、保密等级与期限的划分等）进行存储。在存储过程中对所存储的科技文献赋予管理元数据，同时设定其访问权限。当出现用户查询请求时，通过 DIP 传递检索结果。每个科技信息网格节点既可以保持其独立性，而单独对外提供服务，也可以作为科技信息网格资源的一个共享因子而存在。同样的，由各个节点组成的科技信息网格也可以看做是 OAI－PMH 协议中的一个 DP。在用户经由统一的用户检索界面表达检索请求后，SP 根据用户要求向 DP 发出 OAI 协议请求，借助 OAI 命令动词对 OAIS 参考模型内的各个科技信息网格节点发送指令，采集元数据，最后将查询结果集向用户反馈。在 OAIS 中，DP 和 SP 都要在注册服务器上注册，SP 通过注册分配到 URL 地址后，才可以针对元数据进行管理与组织，面向用户提供"一站式"服务。DP 通过注册分配到 URL 地址，其后方可进行元数据发布及响应服务请求等操作。

　　总结起来，基于 OAIS 参考模型和 OAI－PMH 协议实现科技文献信息网格的信息集成功能具有如下优势：①支持网格平台架构及跨越资源的异构与分布实现信息集成，支持用户利用的透明性。②支持各类科技文献资源的高度整合,屏蔽各类科技文献的多样、分散和异构,提供统一检索的基础。

(4)元数据目录构建

在信息集成功能框架下汇集起的各类科技文献元数据需要汇编在一起构成元数据目录,才能提供网格中所有科技文献的总检索工具。为统一检索功能的实现打下基础。

科技文献信息网格是动态的,其规模在不断扩张,资源在逐步丰富,决定了其中的元数据量也是日益增多的。在这样的条件下,为了保证元数据服务的高效性,本研究以具有良好可扩展性的层次化分布式结构构建元数据目录。以分布式的目录服务表达科技信息网格的结构化特征,同时给远程访问以支持。具体来说,元数据目录可划分为文献、数据库和类别三个层级。其中文献层元数据是对具体科技文献资源的描述,数据库层元数据是对某类科技文献所有资源提供者的描述,而类别层元数据是对各科技文献大类资源分布的描述。三者联动实现对科技文献信息的准确定位。基于元数据目录组件元数据目录服务,为信息集成服务提供资源信息。(如图 5.14 所示)

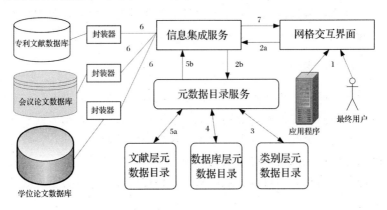

图 5.14 网格元数据目录服务

元数据目录服务的主要职责可以理解为完成科技文献信息资源的实体到网格资源的虚拟化,并提供给信息集成服务利用。通过这一任务的完成才能实现用户、程序和服务等对科技信息网格资源的透明访问。

基于元数据的科技信息网格资源访问的过程可归结如下：

①用户表达信息需求。通过定制的交互界面提交检索指令。

②网格的交互界面将用户的检索指令交由信息集成服务处理。信息集成服务将分析用户需求后再交由元数据目录服务处理。

③元数据目录服务根据用户需要在类别层进行查询检索，确定本次查询涉及的科技文献类别。

④基于确定的类别，结合用户访问权限和需要选取并调用适合的数据库集合，即确定查询每类科技文献所涉及的数据库。

⑤通过确定的数据库集合获取所有满足用户需求的文献位置信息，并向信息集成服务反馈，即确定具体科技文献资源及其所在位置。

⑥信息集成服务接到反馈后，开始构建查询任务到各资源提供者存储系统中布置查询。

⑦返回的检索结果经信息集成服务整理后向用户反馈。

可见，科技信息网格元数据目录是完成网格信息资源虚拟集成的关键，同时也极大地方便了统一检索功能的实现。

2. 统一检索

传统网络中用户若想广泛检索获取科技文献资源需要依次查找大量不同的数据库，应用多个搜索引擎，对各个数据库的检索规则都有一定的认识，工作量极大，也极为不便。因此，科技文献信息网格应该在信息集成的基础上提供统一检索功能。它将极大地方便用户利用科技文献信息，是科技信息网格最为重要的功能之一。

（1）检索协议

统一检索协议可以分为两个部分：其中标准化检索服务部分主要负责定义相关的标准检索语法与检索结果表示等；而信息源

描述和发现协议主要负责对信息源接口及其基本特征进行描述。

①标准化检索服务。以 basicsearch 查询语言为基础，一般将查询请求理解为由逻辑运算符、字符运算符和检索域三部分组成。由标准化检索服务定义具体的函数，各科技文献信息提供者都可以在标准范围内编制检索服务。只要检索服务能够接受检索信息、返回结果信息、对返回信息进行分析与解释以及分析返回信息的每一条记录即可。

不同的科技文献数据库有各自不同的检索字段和检索范围规定。因此标准化检索服务一方面要可以对各个信息源进行统一操作，另一方面又要最大限度地保留它们的特色。本节从分析元数据标准入手给出了一种符合人们检索习惯的分级检索策略。

通过对 DC、EAD、TEI 等著名元数据标准的分析，结合各科技文献数据库使用经验，得出以下结论：第一，几乎每一个的元数据标准及现有的数据库系统都含有题名项；第二，大多数数据库及元数据标准都包含作者、关键词、摘要和日期四项；第三，各个数据标准及现有数据库一般会含有体现自身特点的特色字段。针对以上特点并考虑一般用户的使用习惯，可以制定出如下的三级检索策略：

基本检索：仅提供题名一项检索入口，用户不需要选择检索字段。

高级检索：提供对题名、作者、关键词、摘要和日期五个检索项的联合检索，若某个数据库存在其中一个或多个字段缺失的情况，则可由该数据库自行制定处理方法。

按库检索：对单一数据库的检索，提供此数据库所有可用的检索项。

三级检索共用一个函数名，通过函数的重载区分各个函数。

②检索服务发现和描述协议组。一般来讲当前的各种网络服务主要通过 UDDI 来标识。UDDI 是网络服务互操作的一个公共规范，考虑到信息检索服务的特点，此处对现有的 UDDI 标准进行一定扩充，提出一种标识信息检索服务的方法。所应用协议的

层次结构如表 5.7 所示：

表 5.7　　　　　　　　　　**协议的层次结构**

信息检索服务协议	标准化检索服务
	检索服务描述和发现协议
	简单对象访问协议
	可扩展标记语言

可以看出，每个层级的协议都具有一个基本特点，即平台无关性。网络服务又提供了良好的分布式处理框架。最终以平台无关性针对资源的异构，以网络服务针对信息的分布，二者的联用共同解决了分布式异构数据库的互操作问题。

（2）统一检索平台

在科技文献信息网格节点内建立科技信息资源索引，并向外提供统一的检索接口。整个科技信息网格系统在整体上仍按照常规数据库系统与分布式检索系统进行运作。各节点服务器将按照索引，向上级服务器提供本地全部资源的元数据，而处在第二层的服务器则向更高层提供标准检索接口。所以需要在第三层建立统一的元搜索平台，作为用户与数据源之间的中间件。实际操作过程中，通过元数据目录服务和信息集成服务完成检索过程。在整个查询过程中，让用户感觉仅仅是在查询一个数据库。

元搜索方式的顺利进行要求数据提供者支持底层服务协议，允许通过网络信息检索的标准协议（如 Z39.50 协议等国际通用标准协议）对分布异构的科技信息资源进行检索。本地服务提供者接收用户界面的客户端程序发送过来的 XML 查询文档，经解析后，形成查询语句，然后直接调用元数据目录服务，检索元数据目录，并将查询结果进行封装后通过交互界面返回给用户即可。由于科技信息网格中的元数据都是基于 OAI－PMH 协议远程收割而获得，检索时只需连接本地数据库，无需连接远程的数据提供者，这样能够极大地提高检索效率。

为了整个网格系统使用和管理的方便，还需要定义两个基本规则：

第一，所有的节点都以标准化形式提供检索服务。

第二，所有的检索服务都按照"继承"的关系进行组织，下层的节点可以通过引用高层节点的方式实现继承。

综上所述，通过统一检索平台能够提供科技信息网格的标准化信息检索服务，实现科技文献资源的统一检索。

五、科技文献信息网格应用实例

食品科学是新兴的跨领域交叉性学科，所涉专业包括化学、生物学、农业科技、材料包装等，与人们的日常生活息息相关，也是重要的经济支撑产业。尤其近年来我国频发的食品安全问题更是引发了社会对该领域的广泛关注与期待。在这样的背景下设计食品科学信息网格作为科技信息网格的应用实例，能够凸显科技文献信息对国计民生的保障与促进作用，有利于其价值实现。

食品科学信息网格是科技信息网格在食品科学领域的一个具体应用。它继承科技信息网格的结构与功能，同时为了学科发展和实际应用的需要，可在领域内适当变通，添加特有的应用功能。

1. 食品科学信息网格逻辑结构

为了更清楚地说明食品科学信息网格的设计，本研究依据OGSA 的思想在逻辑上将食品科学信息网格划分为资源、服务与应用三层。其中资源层对应科技信息网格科技资源组块和虚拟抽象组块，为食品科学信息网格提供硬件与文献信息资源基础，并完成互连和虚拟化；服务层对应科技信息网格业务处理组块和交互沟通组块，负责网格日常活动的管理与特定服务的实现；应用层对应科技信息网格用户服务组块，以门户的形式向用户提供一站式服务（如图 5.15 所示）。

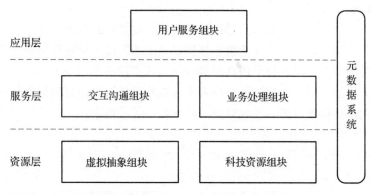

图 5.15　食品科学信息网格逻辑结构

2. 网格资源层

（1）资源建设

主要包括文献信息资源和物理资源两个部分。

其中文献信息资源建设以食品科学相关的科技文献信息为主，同时着重收集各种食品安全标准、外观设计专利、食品产品样本等对食品行业的安全生产和创新实践较为重要的文献信息，以及人才信息、检测方法和企业信息等。具体来说，在现有数据库的联结方面应包括目前国内的食品添加剂数据库、GB2760－2011（添加剂使用标准）查询系统、农兽药数据库、天然毒素数据库、化学污染物数据库、培养基查询系统、微生物数据库、菌种信息数据库、食品行业法律法规数据库、食品安全检测方法数据库、营养膳食查询系统、中国食品安全资源数据库及外观设计与包装材料方面的专利信息、国家标准分类法下 X 字段（食品类）所有标准和各大食品生产企业提供的产品样本等。为食品科学信息网格的应用服务奠定良好的信息基础。

物理资源方面主要包括高性能计算机、存储器与服务器等网络基础设施，还应连接中国检验检疫科学研究院综合检测中心、国家食品质量监督检验中心、国家粮油质量监督检验中心、中国儿童中心儿童食品检测室及国内贸易部食品检测科学研究所实验室等大型检测机构与实验室，为食品科学信息网格的应用服务提供硬件条件。

（2）虚拟化实现

资源层同时也要处理异构实体资源虚拟化的问题。在科技信息网格框架内，以元数据为基础对上述资源加以详尽描述以完成其虚拟化过程；采用 5.4.1 一节中所述方法，遵循 OAIS 框架，建立元数据目录服务，应用通用的 UDDI 机制和 LDAP 协议可以顺利实现食品科学信息网格虚拟资源的集成。资源层整体内容如图 5.16 所示：

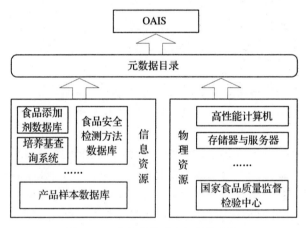

图 5.16　食品科学信息网格资源层

3. 网格服务层

在 OGSA 思想的指导下网格中的一切功能和应用都可建模为服务。

（1）服务设计

食品科学信息网格中的服务可以分类两类，一是网格管理服务，二是食品信息服务。网格管理服务提供 5.3.1 一节中业务处理组块与交互沟通组块的全部网格管理功能，此处不再复述。食品信息服务则针对食品科学与食品行业提供专业性信息服务。具体可包括：安全标准查询服务，提供对添加剂使用、农兽药使用、微生物残留等各项食品安全标准的查询。为食品安全问题提供可靠、权威的判定依据，也为新产品的研发提供参考。实验检测服务，在数字化科研背景下利用网格中的实验室资源，采用提前预约邮寄样本的方式提供食品检测服务。随着技术的不断发展，日后可能以全息的样本数字化模型传递代替邮寄环节，实现服务的完全虚拟化。产品比对服务，利用网格所收集的大量产品样本进行同类或相关产品的比对，为食品生产企业产品研发提供借鉴，也能够为用户的产品选择行为提供指导。专利查询服务，主要提供食品包装外观设计专利和食品配料类的专利查询，帮助企业用户发现资源与商机，规避侵权风险，同时促进专利成果的生产力转化。法律法规查询服务，提供我国食品卫生法、各类食品管理办法及食品生产、包装、贮藏、运输等各环节的相关条例、管理办法与规定等法律法规的查询，为食品行业各方参与者提供政策指导与约束，也为消费者提供权益维护依据。

（2）技术实现

遵循先发布后利用的原则，所有服务必须经发布后才能使用。所以首先需要建立服务工厂利用 Webservice 技术将网格内的所有服务分别封装并设计接口，经描述后注册到服务目录中（对应 UDDI 服务注册管理中心），对外发布。利用中先就服务目录进行查询，确定所需服务后通过服务接口获取服务。

对于网格管理服务可以使用网格中间件来完成。网格中间件能够为网格的应用提供服务和程序库，是网格构建的重要基础，目前国内外已涌现出一批性能良好的网格中间件（如 Globus、Legion、织女星等）。本研究选用 Globus 提供的最新开源工具包 Globus Tookit 4 实现网格管理服务。GT4 提供了一种开放的架构和模块化服务集合，能够对标准网格协议与 API 提供全面支持。其具体功能可归结如下表：

表 5.8　　　　　　　　　GT4 功能列表

服务	协议	说明
资源管理	GRAM	资源分配与进程管理
通讯管理	Nexus	单点与多点通讯
安全管理	GSI	认证与相关安全服务
信息管理	MDS	分布访问结构信息
状态管理	HBM	监控网格组件状态
执行管理	GEM	构建、缓存和定位执行
远程访问	GASS	通过串行/并行接口远程访问数据

对于食品信息服务，在 GT4 的应用基础上，整合资源建设阶段所联结的各个数据库与收集的信息资源，采用 5.4.2 一节中所述方法实现统一检索，此处不再复述，也可通过招标网格服务提供商的方式外包实现。服务层整体内容如图 5.17 所示：

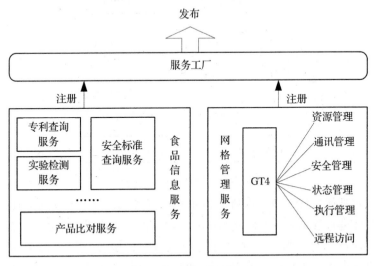

图 5.17　食品科学信息网格服务层

4. 网格应用层

在应用层建立食品科学信息网格门户，为用户提供单点登录的一站式网格资源与服务获取入口，具体可通过门户技术加以实现。

本研究使用 Portlet 组件作为门户构建的核心，它以 Java 类的格式封装网格服务，供门户任意调用与执行，而门户在逻辑上可以看做 Portlet 组件的集合。Portlet 组件与网格门户的关系见图 5.18。

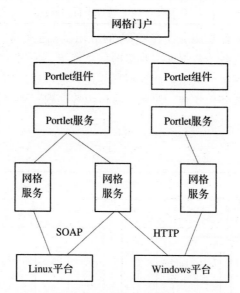

图 5.18　网格门户结构图

具体运行当中，本研究使用开源软件 Gridsphere 对 Portlet 组件进行管理。它是欧洲 GridLab 项目的研究成果，集成了一组 Portlet 组件与服务，实现通过门户对网格服务与资源的调用，同时也提供了自行开发 Portlet 组件的模版。

最后，本研究在 4 台 Linux 服务器和 5 台 Window 服务器上分别安装 GT4 中间件，并经过实际的开发初步实现了食品科学

信息网格服务的设计。安装 Gridsphere 实现食品科学信息门户
网格如图 5.19－5.20 所示。

图 5.19　食品科学信息网格门户

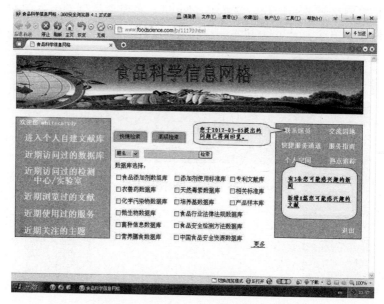

图 5.20　食品科学信息网格用户页面

六、本章小结

本章首先从网格的含义、特点与优势入手，界定了科技信息网格的概念，并提出科技信息网格信息集成、统一检索获取、资源共享、用户管理和服务拓展 5 大功能。其后，在网格设计部分，设计了由科技资源组块、虚拟抽象组块、业务处理组块、交互沟通组块与用户服务组块组成的科技信息网格总体结构，详细叙述了每个组块之间的拓扑结构和交互关系。在此基础上完成了各种类科技文献信息节点与功能节点的设置及节点间纵向树形与横向网状的组织结构，实现资源共享、用户管理和服务拓展功能。第三，提出以 OAIS 参考模型和 OAI－PMH 协议为基础，利用科技文献元数据在网格中实现各类型科技文献信息的集成；以标准化检索服务协议和检索服务发现与描述协议为基础，搭建科技信息网格的统一检索平台，实现异构文献信息的统一检索。最后，设计并实现食品科学信息网格作为应用实例，为各领域科技信息网格的建立提供借鉴。

　　总结起来，科技信息网格以信息流模型中的"编码"和"标引"两个要素为基础，有效地将"信息"与"源"连接起来，并提供用户利用的"渠道"。从信息构建理论的视角看，科技信息网格完成了信息的组织、导航与检索。

第六章　数字环境下科技文献信息随需应变服务模式的构建

　　通过上文科技文献信息网格的构建为数字环境下科技文献信息的集成共享、统一检索获取等提供了技术手段与基础平台，能够以整合的方式有效促进科技文献信息开发的实现与深入。根据信息增值原理，信息在交流和交合过程中会产生全面的增值，因此，提供利用以实现科技文献信息的价值才是文献管理工作的出发点与最终归宿。本章重点研究如何在上文科技文献信息网格构建的基础上更好地为用户利用服务。

　　服务"模式"不是简单的服务提供方式，它包含组成事物的各要素之间的关联、互动与发展。因此，具体的文献信息服务包含三个要素：①文献信息资源，②具体的服务项目，③服务的运行方式。① 前文网格的构建解决了科技文献信息资源的建设问题，本章则重点关注服务的项目和运行方式，即重点解决前文作用要素中的服务提供问题。

一、科技文献信息服务的目标

　　长期以来，科技文献的利用率低，科学研究成果转化不力是困扰我国科技文献服务工作的主要问题。虽然在实践当中已经通过积极的信息化建设谋求解决的办法，但通过实践调研可知，其

---

　　① 肖希明. 新的信息环境中的图书馆藏书发展政策. 世纪之交图书馆事业回顾与展望［C］. 北京：北京图书馆出版社，1999

成效甚微。用户依然感觉到利用科技文献是非常不便的，而且无从下手，耗时费力。

1. 现实问题剖析

除去资源建设与共享的障碍，从服务角度去考量，当前制约我国科技文献利用服务的主要是服务理念和服务内容方面的问题。

（1）服务理念落后

用户期望中的科技信息服务随着时代的发展和技术条件等的改善也在逐渐上升。传统时期，文献资源、服务资源都非常匮乏，简单的"有书可借，有位可坐"即可以达到用户满意的标准。随着时代、技术、文献资源建设及服务条件等的逐渐进步，"借阅方便，查询快捷"是上世纪末期用户对文献信息服务提出的要求。然而伴随信息技术的爆炸式发展，当前数字环境下传统的服务方式和理念已经无法满足用户日益增长的需求。

当前的用户需要的首先是知识化的服务，要求科技信息提供者不再只提供孤立的信息片段，而是可以解决具体问题的知识；其次是个性化的服务，要求服务提供者能够针对每个用户的专业性质、教育背景、利用预期、使用习惯等提供专门的服务；最后是互动式的服务，不但需要服务提供者与用户进行互动交流以发现用户需求，还需要搭建用户间、用户与服务者之间、用户与科技信息管理者之间的多方互动平台，以提高服务质量和便捷程度。

可以看出用户已经对数字环境下科技文献信息的利用表达了较高的期望，但是我国目前科技文献信息服务工作理念仍停留在传统环境时期，主要以馆藏资源建设为导向，以闭门造车的方式进行，未能充分考虑用户的利用需求，及时转变指导思想而提供主动的、个性化的、多元化的服务，可以说服务理念还相对落后。

（2）服务方式单一

首先，当前我国科技文献信息服务的主要内容仍以提供简单的检索利用为主，而且如上文所述，这种简单检索还建立在分散的资源之上，加重了用户利用的困难。其次，服务提供者对科技文献进行充分开发与利用的认识不足，主观上缺乏动力和积极性，一些服务人员受个人素质与能力所限，更是无法提供有价值的科技文献信息开发成果。大多数数据库只提供不算便捷的检索获取功能，仅将原始文献提供给用户，而没有投入智力要素完成科技信息增值。这样做的后果就是，从用户角度看来，利用科技文献信息非常不便，困难重重，而且效果不佳。如此的负面体验，影响了用户二次利用的意愿，造成恶性循环。

实际上，在信息服务领域，参考咨询服务、推送服务、定题服务、团队化服务等众多新兴服务方式都已经经过了深入的理论探讨并取得了相当的实践经验，完全可以为科技文献信息利用服务提供有效借鉴。

可以说，单一的服务方式与广大用户多样化的利用需求间的矛盾已经成为了制约科技文献信息利用的主要矛盾。因此必须借助现代信息技术丰富我们的服务方式才能在数字环境下为促进科技文献信息的利用打下基础。

2. 服务目标设定

针对科技文献信息利用服务面临的瓶颈，设定拟取得突破的目标：

（1）层次化服务

用户需求本身具有层次化特征，由基础需要、期待需要和隐性需要所组成。所谓基础需求是为了完成服务而必须满足的需求，若无法满足用户的基础需求则服务失败。所谓期待需求，是在基础需求得到满足的基础上，用户所期待获得的附加增值需求。所谓隐性需求是指服务提供者根据用户的习惯与偏好来帮助用户发现可能有所助益的需求，一般通过主动式服务加以发现和满足。

学科背景、受教育程度、成长经历、所处地域等的不同使得用户在利用科技文献信息时有着不同的需求。所以，对于科技文献信息来说，不能开发后就弃之不管，应该主动为开发成果寻求匹配的利用者，即将开发成果高效地、准确地推介出去，而且在成果提供过程中，也必须体现层次性。从基础需要、期待需要和隐性需要三个层面同时展开，创新服务内容，灵活采用各种服务手段和服务方式才能真正做到以用户为本、以用户需求为导向。

所以，面对信息时代的挑战与机遇，只有施行层次化服务，才能提高科技文献利用率和其自身的影响力。

（2）差异化服务

现代科技文献信息用户可能来自于各行各业各个阶层，除了传统的科研工作者以外，信息技术所带来的科学民主使得普通民众也越来越多地对科技文献信息产生兴趣。企业、学生、农民都可以成为科技文献信息的利用主体。主体的多样化也必然带来需求的差异化。

由于用户特点和需求的千差万别，科技文献信息服务也不应该是一成不变的。在服务的具体提供过程中要通过积极主动的沟通了解用户所处的学科、所受教育程度、信息素养，利用科技文献的目的和期望目标。结合用户利用习惯与使用偏好，为每一名用户提供独特的个性化服务。

所以，服务提供者应该将对用户的重视细化到个人层面，在以差异化服务便捷用户的同时也能够直接促进科技文献信息向现实的应用转化。

（3）主动式服务

一方面，数字环境下用户对文献信息的利用方式发生了转变，不再需要到实体的图书馆或其他文献贮藏单位去进行查找和阅览。所以，以往坐等用户利用上门的服务方式严重阻碍了科技文献信息的利用。

另一方面，爆炸式增长的信息极大地拓展了信息来源，但同时也将不安和焦虑带给了处于信息迷航当中的用户。面对专业性很强的科技文献信息更是如此。所以如果不积极推介科技文献信息自身的资源与价值，使用户认识到这些资源能够为其所用并在其工作、学习甚至生活中发挥至关重要的作用，那么科技文献终究也难免尘封故纸堆的命运。

因此，科技文献信息服务的提供者首先要采取主动的姿态，以协助者而不是监督者的角色提供信息服务，帮助用户发现在问题解决当中有用的科技信息，避免用户迷失在广泛分布、种类多样的科技文献海洋中，从而产生畏惧心理和不良的利用经验，对其后的利用造成阴影。其次要通过积极的宣传推送等手段，以用户需求为导向，提供主动的科技文献信息服务，切实在用户问题解决中发挥作用，主动体现科技文献信息价值，为用户留下良好的利用体验。

（4）交互式服务

在传统服务方式为主导时期，保存机构非常重视对科技文献的整理和保管，却忽视了对用户的组织。而在数字时代，科技文献信息服务的提供者面临着"走进用户"的问题。走进用户不仅意味着要了解用户的需求，主动服务于用户，还需要加强与用户的互动，才能对用户群进行再造，培养精品用户、忠诚用户。

用户利用科技文献信息的目的一定是为了解决其面临的问题，不管这种问题的难易程度如何，都不会仅停留在原始信息层面，也就是说，仅通过一次文献的提供是难以完成有效优质的服务的。通过与领域专家的沟通和咨询往往能够迅速地帮助用户将信息转变为解决问题的知识。所以，服务提供者必须营造用户与专家之间互动的平台（这里的专家可以是领域专家、教师、学科馆员等对学科知识和相关文献信息具备深入认识的人群），以专业的领域及文献知识取信于用户，在通过交互挖掘用户需求的基础上，为用户提供高水平服务。

因此，交互式服务是用户和服务提供者两方面共同的需求。

归纳来看，技术层面、社会层面、观念层面以及科技信息资源自身的发展进步共同导致了用户面临问题的复杂化，也使得用户需求不断地向更高层次跃迁。现代用户需要的是丰富的科技信息资源、清晰的信息导航、主动提供知识的手段、个性化、差异化的服务方式、便捷的交流环境与专家级的指导，这些将是科技信息服务今后生存和发展的前提。因此必须坚持"以用户为中心"的理念，寻求支持这一理念同时满足上述目标的利用服务模式，才能为科技信息服务带来新的动力和突破。

二、随需应变的服务模式构建

1. 随需应变内涵与优势

在明确科技信息服务瓶颈与目标的基础上，探讨其实践方式，为其高效运行提供指导，具有重要的理论及现实意义。IBM随需应变思想开启了电子商务领域的新时代，也为科技文献信息服务提供了诸多可资借鉴之处。

（1）随需应变的内涵

随需应变的概念始见于 2002 年，是由 IBM 为了应对和引导信息产业的发展而提出的具有创见性和预见性的设想。随需应变代表着一种新型的信息业务的执行模式，它需要但不依赖于新技术，它创建但不仅限于新产品。它要求在对组织内和组织间业务流程的清醒认识和高度整合基础之上，进行模式的变更或重组，从而为组织带来灵活迅速的反应能力。

所以，随需应变以对用户需求的实时准确响应、组织成本的灵活控制、核心竞争力的最大化发挥和对各种风险的强抵抗力为其基本内涵。

（2）随需应变的优势

随需应变的首倡者 IBM 实际上已经充分享受了该理念所带来的助益。通过重新整合业务流程改变了以往尾大不掉、内部冗余、周转不灵、业务分散的组织缺陷，向电子商务环境下的随需应变转型，为其带来了上亿美元的收益。

通过实时准确的响应对业务流程中各参与主体的需求做到最大化满足。以对成本的灵活控制掌握组织的业务规模，避免无谓消耗。以对核心竞争力的发挥不断升级组织能力，始终保持自身在行业中的领先地位。以对潜在威胁的抵抗力实现主动式的风险管理和应对，使组织能够经受各类天灾人祸的冲击。综合起来，随需应变能够改变传统业务模式笨重、单一、呆板、缓慢的弊端，并赋予组织全新的优势。

在信息服务产业，对数字环境下科技文献信息的开发利用来说，随需应变也可以成为其应对挑战、促进科技文献价值实现的有效途径。因为信息时代用户的需求多种多样，有些能够明确表达，有些则不能很好地说明，甚至有些连用户自身都未曾发觉。只有通过随需应变才能够对如此多样的、多变的用户需求做到实时响应和满足，从而促进科技文献信息的利用。可以说，随需应变理念与数字环境下科技文献信息服务的目标是契合的。

2. 服务项目设定

信息服务工作已经在图书馆、档案馆及情报研究所等机构开展了相当长的一段时间，取得了很大进步，也积累了很多成果和经验。如自助检索、联合目录、参考咨询、信息推送、个性化定制服务、信息共享空间、个人/机构知识管理以及信息素质教育等服务形式均经过了充分的理论探讨并取得了一定的效果。数字环境下的科技信息服务也应该继承这些有效的服务形式，将其积极引入并应用到科技信息服务中来，一方面为这些既有的服务形式增添活力，另一方面借助这些成熟的手段促进科技信息的开发利用。

科技文献信息具有自身独特的特点与价值，必须发展适当的新的服务形式来突出科技文献的自身特点并且帮助其实现自身特有价值，才能从根本上促进科技创新、推动科技文献信息的广泛利用。因此本文根据科技文献特点与科研工作者实际研究需求设计以下科技信息基本服务。

（1）选题辅助服务

科研工作是由选题开始的，从国家重点研究项目到本科生、硕士生和博士生的学位论文再到一篇期刊或会议论文的创作首先要寻求到一个有价值、有意义、有研究空间和有可持续性的选题。可以说，一个选题的好坏能够决定科研工作的成功与否。

然而选题工作同时也是困扰多数科研工作者的问题，为了寻找到一个合适的选题，许多学者不得不查找阅读大量文献材料，反复推敲斟酌，无形中造成了时间和精力的浪费。因此，考虑到这一现实情况，科技文献信息服务应该提供选题辅助服务。

具体的服务内容，应该根据用户的研究方向和专业背景，在充分交流了解用户研究目标的基础上，帮助用户广泛收集国内外相关的各类科技文献（除期刊论文和图书之外，还包括专利、会议论文、科技报告等）。其后通过统计分析，得到研究方向内各级项目基金资助情况以及研究进展；总结学科研究热点与不足，发现研究空间与新的研究生长点所在；定位业内权威的研究机构或研究专家，归纳最新的、领先的研究成果。如此，通过精心的梳理总结，生成从宏观到微观的研究背景，能够切实有效地在科研立项、论文创作等研究的开始阶段就为科研人员提供全面翔实的参考和指导，能够大大减轻科研人员进行研究选题的难度，提高选题的科学性和有效性，为研究的顺利开展和最终的成果质量提供保障。

（2）引导启发服务

在科学研究行进的过程中，往往还会遇到许多难以攻克的难关，使许多科研人员在探索新的领域或进行深入研究时感到茫然。依据信息交流中的增值原理，信息的交流能够给人以启示，带来研究灵感，有时候这种灵感对于重大研究突破的取得至关重要。为此，笔者提出要以科技文献信息为基础，开展引导启发服务。

①科技文献信息的发酵创新。放眼自然界中，最具创造力的

生物行为是发酵，它通常是指菌株在适宜的温度、湿度等环境中，通过生物酶的作用，在营养母体中繁衍、进化，并产生新物质、新物种的过程。① 借助仿生学原理，可以将这种高效的创新活动移植于科技信息服务领域，确定相应构成要素，构建科技文献信息发酵过程以为科学研究提供高效的创新环境。

生物发酵与科技文献信息发酵构成要素映射如表 6.1：

表 6.1　　　　生物发酵—科技文献信息发酵要素映射

构成要素	生物发酵	科学文献信息发酵
菌株	生物菌株	科技信息菌株（选题、立意）
母体	发酵底物	科技文献
酶	生物酶	信息酶（协调组织、合作激励）
环境	外界环境	科技信息网格
技术	工具技术	信息分析、处理技术

通过这些要素之间的互动，可构建科学数据发酵模型如图 6.1：

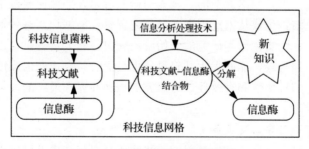

图 6.1　科技文献信息发酵模型

科技信息网格环境中，科技信息菌株也就是研究者进行研究探寻的立意或目标，在其指导下发挥科技信息网格协同、整合的

---

① 石芝玲，和金生. 知识转移与知识发酵 [J]. 情报杂志，2010，29（1）：135－138，16

作用催化形成科技文献－信息酶结合物。通过应用信息分析处理技术完成科技文献信息发酵过程，产生新的研究成果与知识。

其中科技文献－信息酶结合物的形成是决定创新增长速度的关键，这就需要各个要素相互配合，共同发挥作用。网格环境为科技文献母体的存在提供了良好的土壤，同时也是信息酶协调机制的来源及其得以发挥的保障。研究者需明确自身的研究目标作为科技信息菌株，并且应用信息分析处理技术加速科技信息发酵过程，以迅速、有效地获取所需的新数据、新知识。

利用信息管理仿生原理构建科技文献信息发酵模型明确了针对科技文献信息进行知识发现的各个要素，揭示出其中的关键环节，为科研人员利用科技信息网格进行基于学术研究动议的创新性研究提供了标准且有实践指导意义的模板。

②启发式引导。科研人员在研究过程中有时会遇到一些阻滞，这时一些启发、一些灵感，就能帮助他们走出困境，取得研究突破和科技创新。在发酵创新的环境下，可以采用开放式和闭合式两种方法对科研人员进行启发式的引导。其中开放式方法能够启发科研人员探寻真理。针对研究起点明确的问题，进行发散式的引导，层层递进深入，揭示问题之间的隐性联系，直到找到满意的答案或方向。如图 6.2，开放式启发引导方法可表示为 A →B→C。

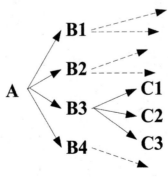

图 6.2　开放式启发引导过程

闭合式方法能够帮助研究人员验证研究假设或者探寻两件事物的相关性。如图 6.3 所示，它是一个同时从两端出发来寻找共性联系的过程，这种联系原本是隐性的，是无法在 A 与 C 之间直接建立起来的。

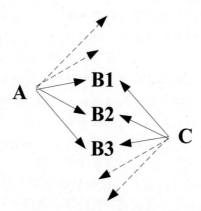

图 6.3　闭合式启发引导过程

以上两图中实箭线代表潜在启发路径，虚箭线代表失败的启发路径。

总结起来，可以将科学研究启发式引导的基本模式概括为图 6.4。

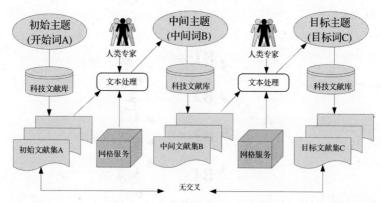

图 6.4　科学研究启发式引导过程

启发引导过程由科学研究中的具体问题开始，可以将该问题具象为某一个或几个关键词。系统从该主题词入手寻找具有相关性的其他关键词，并找到相应的文献。如此反复不断进行下去直到得到满意的结果或是创新性的关联，从而带给科研人员灵感，引导其寻找到取得科研突破的正确方向。

（3）成果评估服务

对科研成果进行评估是科学研究工作不可或缺的内容和重要一环，通过成果评估能够帮助我们去粗取精、去伪存真，保证并提高科研工作的整体质量。利用科技信息网格，可以从专利、会议、科技档案以及科技报告等各种载体渠道验证科研成果的原创性；通过国内外同类成果的分析比较，衡量科研成果的创新性；通过同行专家的评议，验证研究成果的价值与不足，指明未来进一步深入研究的方向。因此成果评估也是科技信息服务不可缺少的一项内容。

（4）专利代查服务

专利文献对科学研究、知识产权保护及科技成果向现实生产力的转化意义重大，但专利文献的一些特点也为其查找利用带来了极大的不便。

首先，专利文献具有难懂性。文字繁琐且语句艰涩是专利文献最大的缺陷。原因是申请人以取得更多保护为目的，主观上愿意使用法律意义下尽量广义的词汇来对具体的技术主题进行描述。例如，称自行车为交通工具或称钢笔为书写用具。这样，即使是对发明主题比较熟悉的科研人员，也很难立即确定一份专利说明书是否对他具有参考价值。其次，专利文献的重复率高。这是由专利的延迟审查制度和同一专利向不同国家分别申请共同造成的。第三，国家实行一项发明对应一件专利的原则，意味着单份专利说明书仅能对一项发明加以描述，不一定能够囊括某一产品的全部设计、材料、测试和生产，想要了解全面的技术，则不得不查阅每个环节中的相应专利说明书。最后，专利文献是法律性和时效性的结合。有时一项有价值的专利因为处于保护期而无法利用，有时已经失效的专利却仍具有很高的情报价值或经济价值。

从以上几点可以看出，对专利文献的有效检索和利用需要很强的专利文献知识，并不是所有研究人员能够做到的。然而这种制约无形中对重要的科技文献资源造成了严重浪费。因此，应该组织专人负责结合用户专业需求，进行专利文献的代查代检工作，将专利代查服务纳入科技信息基础服务之中。

（5）产品分析服务

产品样本是科技文献的重要组成部分，是将科学研究和现实生产结合的最为紧密的一种文献形式。

首先，产品样本文献是技术人员进行技术开发和新产品设计研究的重要依据。其次，产品样本文献能够为营销人员提供有关生产厂家和代理商的生产能力、技术水平和销售能力等情报。再次，产品样本文献是用户的参谋。消费者在选择产品时，总是趋向最优的选择，因此不能只求一家。用户可以用产品样本提供的信息作为选择依据，从而做出最后的购买决定。这一作用在数字时代电子商务环境下更是得到了放大和有效应用。

所以，开展产品分析服务，为企业提供产品引进或生产的参考，为工程技术人员分析其中的技术内涵，为营销人员把握产品市场总体情况，为普通用户提供产品选择的依据是扩大科技信息服务可及性与影响力的有效手段。

（6）标准推介服务

在科学研究过程中有时需要参照现有的标准使研究成果更具权威性、更加标准化、更具普适性。在科技成果向现实转化生产的过程中也需要依据国家、行业有时是国际的相关标准进行。可见，标准文献以其自身的约束力和规范作用与科研工作和科技成果转化工作息息相关。

因此，根据科研用户的研究内容和研究目的向其推介相关的国际、国家或行业标准（包括强制性的和推荐性的标准），能够帮助用户少走弯路，取得可靠的、通用的并且有质量保证的研究成果。所以在科技信息服务中应开展相关标准的积极主动推介。

3. 随需应变服务的 SOA 实现

现有信息服务流程的设计思想在每个步骤之间联系非常紧密，其间可能需要与底层的数据发生频繁的交互，反复进行读写与存储，在服务、文献信息和程序之间构成多对多的网状联系。所以，如果在这种线性流程的系统中添加新服务或更改服务内容就必须打破原有流程，需要修改流程与存储过程之间、存储过程与数据表之间的多个交互关系。

在现有流程下调整或加入一种新型服务内容，需要进行的修改环节有：

①增添存储过程及数据表。

②修改存储过程相关接口参数。

③修改原有数据传递流程。

④改动原有服务提供流程。

⑤调整服务涉及的数据存储过程的接口参数。

⑥相应的变更服务提供流程涉及的数据表单。

⑦随之调整与表单变更相关联的存储过程。

⑧随之调整与变更存储过程相关联的服务程序。

可见，加入新型服务需要大量的调整与改动。也就是说，现有的信息服务流程已经对其自身发展造成了限制，意味着需要随需应变来构建全新的服务模式。新的随需应变服务，必须具有良好的兼容性与开放性，而且能够以最小的边际成本来实现服务的增添与删除，以此满足多变的用户需求。

（1）SOA 内涵与功能

随需应变服务能够带来极大的优势，但其有效的实现方式，即如何以最小的成本换取最大的灵活性和实时响应能力一直是一个难题。面向服务的架构（Service－Oriented Architecture，SOA）为这一难题的解决提供了条件。SOA 面向服务的本质特征在实践当中是由微服务来体现的。顾名思义，微服务是将服务整体分解而形成的细粒度的次级服务单位。每一个微服务仅负责整体服务当中最小的不可再分的一项工作。它们彼此之间的互联关系是松散的,以此赢得了更大的灵活性。简单来说,各微服务依照独立自治及潜在可复用等基本原则,通过微服务之间的组配来实现面向服务的灵活特征。类似于原子组成分子,不同的微服务组合方式就实现了不同的服务功能。当用户对当前服务系统的功能需求发生改变时,只需经过微服务的分解与重组,就能够以全新的方式满足用户需求。技术上,微服务将其程序封装于自己内部,同时留有对外的交互接口,极大地方便了分解和重组的过程。因为在这两组过程当中都不需要进行程序代码的重写,也不会引发不可预知的连锁反应,实现了对整个系统影响的最小化。可见 SOA 以面向服务的思想契合了随需应变的理念,能够赋予服务系统随需应变的优越性能,使得随需应变成为可能。

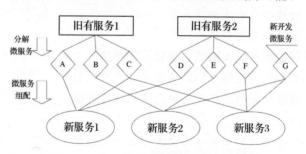

图 6.5　基于 SOA 的随需应变实现机制

如图 6.5 所示,科技文献信息服务的随需应变通过对旧有服务的分解和重新组合来实现。分解形成的微服务还可以与新的原来未在系统中的其他微服务相结合,大大增加了其可扩展性。而且在微服务的重组过程中只需要通过预留的交互接口相连即可完成新服务的生成,不会造成额外的影响或改动,修改量将降低到最小。因此,SOA 系统能够以优良的投入产出比来完成随需应变。现在,构建科技信息随需应变服务模式的关键问题就是向已经确定的业务流程植入 SOA,创建适应现有需求的微操作。

（2）创建 SOA 微服务

SOA 微服务的创建由微操作的确定开始，所以首先需要将服务过程中基本的操作提取出来：

①科技文献开发成果导入，这是一种数据交割操作。

②转换数据格式，为文献信息的便捷提供打下基础。

③查重操作，负责将重复性的数据加以剔除。

④元数据编辑操作，依照科技文献元数据规范加以著录。

⑤分配标识符，为科技文献及其开发成果分配唯一标识，便于检索。

⑥数据导出操作，将用户请求传递给问题接收与分析模块或将反馈结果送交服务提供与反馈接收模块。

⑦服务人员匹配，根据用户问题的深度与学科领域寻找合适的咨询专家、学科馆员或普通咨询员。

⑧服务方式匹配，查询固有服务方式能否满足用户需求，加以匹配，提高效率。

通过总结不难发现每个微操作都有其关注的重点内容，有的关注科技文献信息对象，如开发成果的导入及文献信息格式的转换等；有的针对科技文献及开发成果，如编辑元数据、分配标识符；还有的针对实体对象进行匹配。

SOA 微服务创建的第二步即是将确定的微操作进行合并分组。分组过程不是随意的，SOA 提出了标准、独立、灵活和复用的要求。具体来讲，每一分组必须以其自身内在的聚合性为前提，如此才能使其具有清晰的外延，从而满足独立性的要求。也只有各个分组具有标准的独立性，才能实现灵活组配和复用的功能，从而解决重复开发的弊端，真正压缩了服务提供的成本。所以此处按照 SOA 架构的要求，依据各个微操作的特性和彼此间的联系，对其做如下分组：

①数据处置分组。科技文献开发成果的导入以及数据的导出在技术上具有一致性，在应用中具有相似性且经常成对出现，为此将它们归并为一类微服务——科技信息数据传递微服务。转换

数据格式操作和查重操作都属于科技文献信息服务的准备性活动，而且具有广泛的适用性，所以将此二者合并为服务准备微服务。

②文献信息处理分组。元数据的编辑操作具有很强的独立性，能够独自承担起科技文献信息描述与揭示的重要任务，并对外向检索等功能提供支持，故而可自成一类微服务。标识符的分配操作在整个服务系统中也是有可能需要反复调用的，且任务内容也相对完整而独立，所以将其作为分配代码微服务以拓展其可用性。

③对象匹配操作分组。服务人员匹配需要周密考虑咨询问题的深度与领域，再与各级服务人员的专长进行交叉匹配，找到合适人选，构成人员匹配微服务。服务方式匹配主要目的是检测当前系统固有服务方式能否满足用户需求，如能够满足，则无需创建新服务，能够提高效率；如无法满足，则对现有服务进行分解和重新组配，构成服务方式匹配微服务。

④网格中的科技文献信息在提供利用的过程中，需要不断与各种程序相交互，造成了这种交互操作的高复用率。因此单独设置文献信息交互操作微服务。至此共创建 7 种科技信息网格 SOA 微服务，作为基本微服务组。实践中，各种网格服务可分解形成更多新的扩展微服务。

（3）微服务组配

完成 SOA 微服务的创建之后还需要以一定的方法使它们能够按照用户的需求进行组配。上文所述微服务标准、独立、灵活和复用的特征为它们的组配打下了良好的基础，只需要应用其标准的对外接口即可实现互联。所有的微服务都可以接收或传输 Schema 定义的文件，保证了微服务间无障碍的通信。其良好的独立性为组配的简洁性提供了保证，同时又不会影响整体功能的发挥。总而言之，微服务在其设计和划分的过程中已经为后期的组配做出了充分的理论和实践铺垫，在此基础之上由 SOA 微服务组配模块完成自由组配水到渠成。

4. 科技文献信息随需应变服务模式

根据上文的科技信息基本服务和 SOA 随需应变解决办法，构建科技文献信息随需应变服务模式如图 6.6 所示：

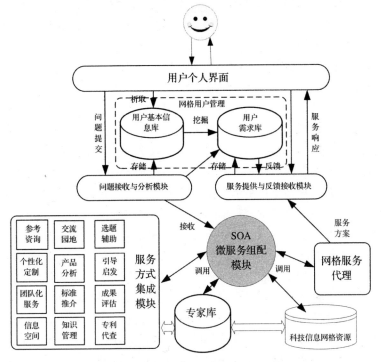

图 6.6 科技文献信息随需应变服务模式

其中，SOA 微服务组配模块可嵌入科技信息网格服务工厂内；将用户基本信息库和用户需求库纳入科技信息网格用户管理组件；将服务方式集成模块嵌入科技信息网格服务库，以实现随需应变服务到科技信息网格的嫁接。

资源的搜集与建设方面，主要依托现有科技信息网格，通过网格节点的组织，联结国内外各类科技文献信息资源和网络通信、硬件、技术实验室等实体资源为科技信息随需应变服务的展开提供"原料"保障。第二，随需应变以对用户需求的理解和挖掘为前提，所以必须建立用户信息库和用户需求库。存储用户的基本信息、利用偏好、学科领域及查询历史等内容。从中发现、了解并掌握用户不同层次的、常规的或特殊的需求并加以满足。第三，充分利用推送技术带来的主动性，依据用户需求提供主动式服务供用户选取。第四，组织各领域专家、学者，形成专业咨询团队，为高级科技信息服务奠定基础。第五，联结 SOA 微服务组配模块与科技信息网格的服务代理，实现科技信息网格的服务拓展功能。

实践中，用户可按自身的使用偏好定制个人界面，并通过登录个人页面通过统一的入口接受服务：具备一定专业检索能力的用户可以选择自行在科技信息网格中探索。任何用户在探寻其问题解决方案过程中若需要帮助，皆可随时经个人界面发出请求。网格系统接收到用户请求后则立即进行分析，依据具体问题所涉及的领域，用户期待获得的利用效果等来选择最为恰当的服务方式，如果通过基本服务能够解决则调用基本服务（如参考咨询服务、选题辅助服务等）；若仅凭基本服务无法完全满足用户需求，则需要通过 SOA 微服务组配模块，对基本服务进行重新的分解与组配，最终得到符合用户请求的服务内容。科技信息网格服务提供的过程同时也是与用户增进了解的过程。用户的需求表达、服务过程中的交互、服务效果的反馈等均是用户真实而迫切的意思表示，将这些信息存入用户需求库加以整理和分析有助于更好地发掘用户的隐性需求。在寻求问题解答的过程中，用户也可通过科技信息网格的互动平台与领域专家、咨询员、资源管理者以及其他用户进行沟通，寻求指导、咨询或合作，进而促进科技突破与创新。

信息技术的发展日新月异，导致数字环境具有很大的不确定性，很难预测和控制未来的前景。目前可以做到的是创建一种相对确定的模式，来面对这样不确定的发展趋势，力求在较长时间内可以从容地应对不确定的需求变化。随需应变正是这样一种相对确定的模式。它不仅可以针对当前出现的需求变化做出迅速的响应，以高投入产出比来完成系统升级；而且可以为未来不确定的需求变化作保障，以相对稳定的系统运作模式保证平滑过渡和持续发展，能够实现科技信息服务的最大灵活性和高效性。

三、随需应变服务模式应用实例

在构建科技信息随需应变服务模式的基础上，本节以服务实例的形式对该模式的实现方式与优越性进行更好地说明与验证。

1. 服务实现过程

（1）需求表达与分析

用户 Z 登录科技信息网格并向系统提交了对眼表疾病——结膜炎的创新性治疗与预防方法的研究需要。

问题接收模块收到用户请求后，立即进行分析：①从用户基本信息库获知用户 Z 为眼科专业医疗工作者，具有丰富的实践经验，具有基本的专业文献检索能力；②用户问题专业性较强；③用户正在进行探索性研究，研究起点明确，并要求一定的创新性；④用户需求的满足需要一定的服务深度；⑤用户问题表述较为笼统，研究应处于起步阶段。根据以上分析，用户 Z 所需的不是一般的文代检服务，而是在研究初期具有专业性、创新性的研究方向指引和启发。经与用户进一步沟通确认后，系统确定向用户 Z 提供引导启发服务，同时，为满足专业性要求，配合医学专业咨询员与专家在服务中提供咨询建议。

（2）服务提供

按照 6.3.1 基本服务设定一节中所述内容，提供服务。本例当中用户研究起点明确，属于探寻式研究，因此宜采用开放式启发引导方法。首先，确定以"结膜炎"作为开始词在网格中进行主题检索，共检得相关科技文献 7053 篇。其次，对检得文献进行关键词分组，获得最常见关键词 20 个。

此时咨询专家意见，剔除无效的、对研究目的无助益的关键词（多以开始词的上位或下位概念为主），剔除与保留的关键词如表 6.2 所示：

表 6.2　　　　　　　　　剔除/保留关键词表

剔除的关键词	保留的关键词
结膜炎	新生儿
急性出血性结膜炎	沙眼衣原体
急性结膜炎	淋球菌
春季卡他性结膜炎	氧氟沙星
春季结膜炎	超声雾化
治疗	儿童
过敏性结膜炎	传染病
淋菌性结膜炎	变应性鼻炎
护理	麻疹
中西医结合疗法	干眼症

再次，经词频统计、专家咨询及与用户的反复沟通，进一步确定"新生儿"、"沙眼衣原体"、"链球菌"与"氧氟沙星"4个关键词作为中间词集，并以中间词集继续进行检索，检得各类科技文献5194篇。反复重复进行以上步骤，发现在"沙眼衣原体"相关文献中，关键词"免疫"与"疫苗"较为符合用户期望。所以确定由此二者组成目标词集。

最后，经再次检索与分析发现目标词集指向的目标文献中专利文献《抗沙眼衣原体的免疫》，说明专利文献可能对本例中的研究具有独特的作用。所以由专利代查人员进一步进行相关专利检索，得到另一篇专利文献《预防人类沙眼衣原体感染的重组蛋白及其用途》也较为符合用户期望。最终带给用户可以通过疫苗的方式来预防结膜炎或通过免疫疗法治疗结膜炎的创新性启示。

至此，可以将本次服务提供过程解读为，由开始词"结膜炎"检索获得初始文献集，通过对关键词的分析与专家咨询意见，确定"沙眼衣原体"等与结膜炎具有较强的联系，形成中间词集。反复进行以上步骤后，得到目标词"疫苗"、"免疫"（具体如图 6.7 所示）和关键文献。整个过程伴随专家意见的投入和与用户的协调沟通，并调动了专利代查服务的支持。

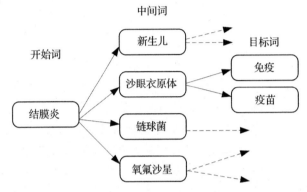

图 6.7　引导启发服务实例

　　总结起来，本次服务为用户寻找到了一种可能的制作结膜炎疫苗的知识关联，提供给用户进行进一步深入研究的启示和方向。通过本次服务过程，一方面满足用户需求，探索了疾病治疗的新途径，另一方面也为促进某些专利型研究成果转化为生产力提供了机遇，取得了良好的效果。

　　其中网格环境为我们提供了各类科技文献集成的便捷优势，也提供了强大的计算能力，帮助我们发掘科技文献间的隐性联系，规避科技文献的保密要求与灰色属性。这种科学研究中的启发引导通过普通网络环境中的简单逻辑检索或数据挖掘是很难实现的。

2. 服务实现方式

　　上述服务提供过程在系统中的随需应变实现可以表示为图 6.8：

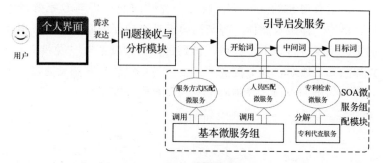

图 6.8　服务实例实现方式

　　用户需求经问题接收与分析模块分析后交由基本微服务组中的服务方式匹配微服务来寻找合适的服务方式，并根据用户研究阶段与研究特点确定以引导启发服务为主。接下来，SOA 微服务组配模块根据用户需求具有较强的专业性和深度的特点调用基本微服务组中的人员匹配微服务，选择合适的咨询员与专家为服务过程提供支持。服务进行过程中，当发现专利文献可能对用户问题的解答具有关键性作用时，SOA 微服务组配模块由专利代查服务中分解出专利检索微服务投入本次服务当中，充分发挥了随需应变服务的灵活性和实时响应能力。最终检得关键专利文献为用户带来了研究启示、指引了研究方向，取得了令人满意的服务效果。

四、本章小结

　　本章首先从当前科技文献信息服务瓶颈的分析入手，设定了层次化、差异化、主动式和交互式 4 项服务目标，进而通过对随需应变内涵与优势的解析，指出随需应变是转变理念，实现科技文献信息服务目标的关键。其次，在现有服务基础上，创新性地提出选题辅助、引导启发、成果评估、专利代查、产品分析与标准推介 6 项新的科技文献信息服务。一方面凸显了科技文献信息的特点和价值，另一方面也能够有针对性地满足科研工作者实际研究当中的迫切需求。最后，引入 SOA 架构，通过创建微操作、分组微服务并进行微服务自由组配的方式，构建了科技文献信息随需应变服务模式，应对多变的用户需求和技术发展，最大限度地促进科技文献信息的利用，并通过服务实例说明具体的运行方式同时验证服务的有效性。

从信息流模型的视角来看，科技信息随需应变服务有效地解决了"接受者"（用户）与"渠道""信息""源""编码"和"标引"5 个元素间的互联。

第七章　数字环境下科技文献信息
开发利用的风险与对策

　　信息技术是一把双刃剑，在带来科技文献信息开发利用契机的同时，也为科技文献的安全带来了更多的威胁。在科技文献的生成、输入、存储、传输、开发和提供利用过程中存在着信息污染、信息干扰、信息丢失、信息窃取、病毒侵犯、人为破坏等不安全因素。此外，科技文献本身的保密性要求和知识产权保护要求也进一步提高了开发利用过程中的安全需求。本章以风险管理理论为指导，从风险的分析与控制两个方面入手，为科技文献信息的开发利用提供安全保障。

一、风险分析

　　为了保证数字环境下科技文献信息开发利用顺利、高效地进行，需要对其中存在的风险加以分析，取得预见性的认识，进而制定控制措施。

　　正如前文风险要素分析中所述，数字环境下科技文献的开发利用面临着多种风险，依据不同的标准可以有不同的划分（如表7.1）：

表 7.1　　　　　　**数字环境下科技文献开发风险分类**

分类标准	风险种类	含义
损失破坏客体	基本风险	因管理不当而造成科技文献质量缺损的不确定性。如不真实、不准确、不完整、不可读、泄密、不关联、不及时或不一致等情况
	连带风险	因科技文献质量缺损而引起历史文化、政治、经济、军事安全等方面损失的不确定性
损失承担主体	直接风险	因科技文献开发利用不当对形成单位造成损失的不确定性
	间接风险	因科技文献开发利用不当对社会公众造成损失的不确定性
损失显现时间	当前风险	指风险事故发生后损失立即显示的风险
	短期风险	指风险事故发生一段时间之后损失才会显示的风险
	长期风险	是指风险事故发生后很长时间之后损失才逐渐显现出来的风险。这个现象的存在导致管理工作中很可能会忽略那些损失发生后不会立即显示的风险，突出地表现在具有长远保存价值的文献上
损失内容性质	政治风险	科技文献开发不及时往往造成政府行政活动的低效率，进而可能影响相关部门的经济决策；不准确的科技文献开发成果可能造成社会活动和科技生产活动的混乱；具有长久保存价值的科技文献的丢失可能是一种历史文化财富的损失；涉及军事秘密的科技文献泄露将造成国家军事安全方面的损失等。实际上，也不能排除一个科技文献开发风险事故造成政治、经济、文化等多方面损失的情况
	经济风险	
	科技风险	
	文化风险	
	军事风险	

分类标准	风险种类	含义
风险可管理性	可控风险	指那些风险事故可以预测，并且若采取有关措施加以控制就可以避免其发生的风险；或者风险事故发生之后，采取一定的措施还可以弥补全部或部分损失的风险。比如，采取事前备份、事后灾难恢复等措施就可以还原因系统崩溃而丢失的科技文献信息
	不可控风险	指那些风险事故不可预测，或者即使预测到风险事故的存在，采取有关措施加以控制仍不能完全避免其发生的风险；或者风险事故发生之后，完全没有办法弥补损失的风险
损失严重性	轻度风险	指损失较小，对组织职能活动的正常开展和社会的良性发展没有造成实质性不利影响的风险
	一般风险	指有较为明显的损失，对组织职能、业务活动的正常开展和社会的良性发展产生一定不利影响的风险
	严重风险	指损失重大，严重影响组织职能、业务活动的正常开展和社会良性发展的风险
风险发生频率	罕见风险	指风险事故只有在例外的情况下才会发生的风险
	可能风险	指风险事故在一定条件下可能发生的风险
	常见风险	指在大多数情况下会发生的风险

具体到数字环境下，各类科技文献容易承受的风险具有一定的共性。从其自身特点与现实需要出发，笔者认为，在科技文献信息开发利用中，将面临以下几类主要风险：

（1）存储过程风险

在科技文献信息的整个开发利用过程中首先要面临的是数字化存储过程可能产生的风险，具体见表 7.2：

表 7.2　　　　　　　　　存储过程类风险列表

风险	风险描述	风险举例
失密	保密性的科技文献信息内容受到了未授权的访问	黑客通过网络攻击窃取涉密材料
真实性受损	科技文献信息因遭受篡改或管理不善而出现内容上或是表征上的矛盾	在文献传递过程中发生技术障碍导致文献信息内容的变化
完整性受损	存储系统无法证明自己在获取过程中所获得的资源的完整性	数字保存系统对于保存的数字资源无法确保其完整性
可靠性受损	科技信息网格无法为其提供的信息提供可靠性证明	维护法律权益时，文献资料的证据性被法院驳回
来源缺失	无法追溯科技文献信息的来源信息	来源信息因管理不善与文献信息失去对应关系
无法识别	存储系统无法识别用于长期存储的数字科技文献的某一部分	数字保存系统对于数据包的格式识别失败
保存方案实施失败	对保存方案的执行缺乏人、财、物的支持	缺乏资金来实施异地备份计划

（2）元数据风险

元数据对于数字环境下科技文献的保存与开发利用至关重要，是不可或缺的管理和检索工具，然而元数据技术的应用也会带来相应的风险因素（见表 7.3）。

表 7.3　　　　　　　　　　元数据风险列表

风险	风险描述	风险举例
与科技文献资源对应性缺失	元数据与它所描述的科技文献信息资源之间的联系有可能丢失	元数据目录遭到破坏
完整性与准确性受损	由于著录疏失或存储不当造成元数据记录损失	备份恢复过程中丢失元数据信息
元数据功能发挥不充分	元数据项著录的深度与广度不足	实践中未按著录规范执行，导致个别元数据项缺失

（3）网格环境风险

本研究以网格技术推动科技文献信息的开发利用，网格作为下一代的互联网是建立在计算机网络基础之上的，所以一般的互联网安全威胁，网格也将不可避免地承受；同时，网格环境也存在一些特有的风险。科技信息网格不负责存储科技信息资源数据，而是通过高速互联网提供分布异构的科技文献信息资源。科技信息网格具有动态的用户、多样的服务和多变的数据，这种动态和灵活多变的特性也带来了相应的不确定性。网格环境中面临的具体风险如表 7.4：

表 7.4　　　　　　　科技文献信息网格环境风险

风险	风险描述	风险举例
资源安全问题	科技信息网格没有明确的边界，管理者和用户可能访问来自于任何位置或资源提供者的信息。其中可能有些恶意病毒或木马等程序会对使用者造成损害。另一方面网格海量的共享空间也造成了其中存储资源的安全问题	科技信息网格发生系统失灵时造成共享空间用户信息内容的丢失

风险	风险描述	风险举例
服务可持续性问题	科技信息网格的强大服务功能来源于互联网上各类服务提供商的支持。所以网格系统中，服务提供商的信誉、技术与能力对于网格服务至关重要。同时提供商的可靠性也带来了服务可持续性的问题	网格服务提供商为一己私利提高网格资源的访问门槛，限制科技信息网格资源共享的延续性和一致性
用户权限管理问题	用户登录到科技信息网格后，需依照其身份信息赋予相应的权限。此时可能出现利用虚假身份信息获取权限，进而获取敏感文献信息或造成更大损害的风险	服务提供商内部安全管理和防控制机制的漏洞可能分配给用户过多的权限，导致一些科技文献信息处于危险当中
用户隐私保密问题	与传统环境相比，科技信息网格中的文献信息开发利用方式有了很多不同，其中比较突出的是，虽然在数据传输过程中可以采用加密技术确保安全，但数据在加工处理过程中的保护问题仍然没有解决，使得用户的隐私保密问题被凸显出来	网络攻击者突破用户信息库或工作人员疏忽导致用户信息流出致使用户隐私被泄露
虚拟化安全问题	科技信息网格中，科技资源以虚拟的形式提供，但是一旦主机遭到入侵，各类虚拟资源则都会面临威胁，甚至有可能影响客户端数据	黑客连接虚拟服务器侵入主机造成科技文献信息的篡改、失密或非法获取。这种攻击很难取证

（4）**访问过程风险**

用户通过科技信息网格访问科技信息资源过程中可能存有的风险包括（见表 7.5）：

表 7.5　　　　　　　　　　**访问过程风险列表**

风险	风险描述	风险举例
访问失败	由于网格自身或服务商的问题无法提供对网格资源的访问	服务提供商的服务器发生故障，无法提供服务
身份验证漏洞	身份验证系统失灵导致用户无法正常访问	用户输入正确的用户名与密码却无法登陆
权限分配系统漏洞	由于系统漏洞导致高级用户未获得相应的权限或低级用户得到的权限过宽	黑客冒名攻击权限分配系统获取权限
访问体验不佳	科技信息网格未能满足用户的基本需求	由于沟通不力使用户无法找到所需资源

（5）**获取过程风险**

在科技文献信息或服务获取过程中可能出现的风险有（见表 7.6）：

表 7.6　　　　　　　　　　**获取过程风险列表**

风险	风险描述	风险举例
科技文献信息可用性缺失	某些科技文献信息由于生成时期较早，未及时进行迁移，而丧失了可用性	用户无法找到相应软件阅读获取到的科技文献信息
科技文献信息获取不完整、不准确	传递给用户的科技文献缺少部分内容或并非所标示的文献	用户发现获得的文献信息内容与检得的文献题名、摘要等描述不一致
科技文献信息获取不及时	无法在用户规定时间内提供用户所需资源	对于复杂的咨询任务未能按时完成

（6）**法律类风险**

科技文献开发利用过程中可能产生的法律类风险包括：第

一，知识产权风险，所有科技文献都有其知识产权归属，其中尤以专利文献、科技报告和产品样本为典型。一旦将未获得知识产权许可的科技文献信息提供利用，就可能发生侵权的现象。第二，合约违背风险，在科技文献开发利用过程中可能会与参与各方签订合同，一旦由于疏忽造成失密或不能履行服务条款，就可能产生违约风险。具体如表7.7：

表7.7　　　　　　　　法律类风险列表

风险	风险描述	风险举例
知识产权风险	对有些未授权的科技文献信息的提供可能存在知识产权侵害	一些网络资源并未取得相应的版权，科技信息网格在不知情的情况下将其提供利用
合约违背风险	未能严格履行合约内容	合约规定中的保密性信息不慎流出

（7）资金类风险

科技文献开发利用的各个环节都离不开资金的支持，在资金方面存在的主要风险包括（见表7.8）：

表7.8　　　　　　　　资金类风险列表

风险	风险描述	风险举例
资金不足	缺少资金来提供服务或进行技术升级	财政亏损，发展缺乏资金保证，动力不足
资金浪费	资金使用当中出现重复消费、过度消费等浪费情况	在具有能够满足需求的免费开源软件的情况下购买超过需求的商业软件
意外支出	不可控力造成预算外支出	硬件资源遭受意外损失

（8）人员类风险

科技文献信息的开发利用需要大量人工的参与，从著录到网格的维护运营再到参考咨询服务，各个环节中都可能由于人员失误或蓄意破坏造成风险（见表7.9）：

表 7.9 人员类风险列表

风险	风险描述	风险举例
人才流失	人才的出走，可能引起网格服务的不稳定	掌握先进技术、熟悉业务流程的管理者、专家或咨询员的离职
人员技能退化	由于个别业务长期缺少应用导致业务执行能力下降	由于很少进行某一学科的专利代查任务，导致专利代查服务水平下降
人员技能过时	人员所掌握的技术或方法等已被淘汰	人员掌握的资源整理方法已经过时，又缺乏新技术的培训

二、风险控制对策

通过上文的分析，可以了解到，引发科技文献开发风险的因素多种多样，风险本身也种类繁多。因此，必须构筑起全方位的保障体系，这关系到开发利用全过程及上游或下游各个环节的各个参与方面。所以，数字环境下科技文献信息开发利用的风险控制体系也必须是立体的、多面的、多层次的。本研究拟从理论和实践两个方面展开论述：

1. 风险控制模型

理论上讲，笔者认为，为了控制科技文献信息开发利用中面临的多重风险，可以从层次、领域、方式和手段四个方面入手建立完整可靠的风险控制模型（如图 7.1）。

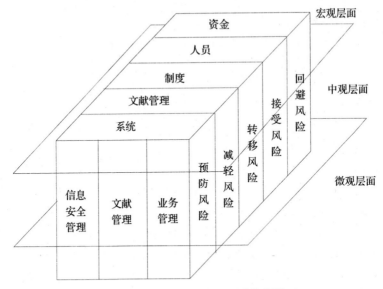

图 7.1　科技文献开发利用风险控制模型

（1）控制层次

按照控制措施涉及的范围，可以将科技文献信息开发利用风险控制体系划分为三个层次：

①宏观层次。宏观层次的科技文献开发利用风险控制体系在国家层面运作，风险控制主体包括两类：一是主管全国信息化建设与科技文献管理的部门；二是国家级科技文献生成及保管单位。前者负责管理社会环境风险因素，其主要任务是营造一个低风险的社会环境。这样的社会环境具有如下特征：数字化科技文献风险意识强烈、科技文献管理规范体系健全、科技文献开发服务体系完善。

②中观层次。中观层次的科技文献开发利用风险控制体系辖一个行政区域的范围。风险控制主体包括该区划内主管科技文献开发利用的部门，如信息化工作办公室、档案局、图书馆等专门机构。前者控制来自该行政区域内的社会环境的风险因素，主要任务是为本地的信息化建设营造低风险的保障环境。后者则主

要控制来自行政区域内自然环境或机构内的风险因素，主要任务是为委托单位维护数字化科技文献，保证其真实、准确与可用。

③微观层次。微观层次的风险控制体系在具体机构内部运作。控制主体包括每一个形成、管理、利用、开发科技文献信息的成员，其主要任务就是为数字环境下科技文献信息的开发利用活动提供高质量的信息支撑。

在科技文献数字化建设刚刚起步的阶段，上级的规划与管理关系到全国各地科技文献工作布局；上级的指导与协调关系到各机构内科技文献开发能否具有正确的方向。因此在相当长的一段时间内，宏观及中观层次的科技文献风险控制显得尤为重要。

（2）控制领域

科技文献信息开发利用风险的控制是一个跨部门、跨专业的系统工程，需要信息安全管理、文件管理、业务管理三大专业领域相互合作，共同完成。

①信息安全管理。从技术角度理解，负责开发科技文献的业务系统是一种具有特定用途的信息系统，而对信息系统实施风险管理的认识和做法相对深入人心。近年来一系列的信息安全管理标准陆续出台，如国家技术监督局颁布的《信息技术、安全技术、信息技术安全性评估准则》（GB/T18336—2001）等，为信息安全管理工作提供了指南。信息安全技术的应用包括身份识别、数字签名、加密、防火墙、入侵监测、容灾备份等。以上的标准指导、社会服务和技术手段为科技信息网格的信息安全管理提供了坚实而全面的基础。

从信息安全管理的角度控制可能对科技信息网格系统造成损害的风险因素，应成为科技文献风险管理的重要内容。比如，备份是重要的科技文献保存风险控制办法。而备份正是信息安全领域中最为经典的安全保障措施之一，其目的在于保证包括信息在内的整个信息系统的"存活"，一旦科技文献存在的载体被摧毁，文件质量便无从谈起。因此信息安全管理专业领域对于风险的防范与控制是科技文献开发利用风险控制的基础。这个领域的知识、经验、理论、技术为科技文献的开发利用构筑了第一道风险防线。

同时应该注意，以安全技术为突出优势的信息安全管理领域，并不一味地强调安全技术，而是注重从技术、业务、制度和人员各方面加以全面规范和管理。如以英国标准 BS7799 为基础，国际标准化组织 2000 年通过、2005 修订的《信息安全管理实施准则》（ISO17799：2000）就旨在建设一个可持续改进的信息安全管理环境，而且涵盖通讯与操作管理、系统开发与维护、访问控制等技术性内容，以及人员安全、安全方针、安全组织体系等非技术性内容。这对科技信息网格的整体安全具有积极的促进意义。

②文献管理。仅仅依靠信息安全管理领域的力量并不能全面保证数字化科技文献开发利用的安全。这是因为相比一般的数字信息而言，科技文献具有鲜明的特性。这些特性对科技文献开发利用提出了特殊要求，超出一般的信息安全管理的专业范畴。20 世纪 90 年代，法、英、荷、德欧洲四国共同发布的《信息技术安全评估标准》（ITSEC，欧洲白皮书）中，提出了将"可用性"、"完整性"、"保密性"作为文献管理领域的安全需求，力图做到在文献存储、传递和利用过程中不受非法的、未授权的损害，从而保证服务质量。这几个信息特征已经被 2006 年颁布的国家标准《信息技术、安全技术、信息系统安全保障等级评估准则·第一部分：简介和一般模型》纳入信息系统安全保障模型中，也进一步说明了文献信息安全管理领域在控制科技文献开发风险方面的责任和诉求。

如果说信息安全管理专业领域对于科技文献开发风险的防范与控制是科技文献开发利用风险控制的基础，那么文献管理领域对于文件风险的防范与控制则是科技文献开发利用风险控制的支柱。

③业务管理。业务管理领域是指对机构履行职能、开展业务的管理过程。这里的业务是开发和利用科技文献的活动。由于各

类机构业务涵盖众多的专业范畴，因此严格地说，业务管理领域并不特指某一个专业领域。

业务管理领域对于科技文献开发利用风险的防范与控制是风险控制的核心。它表现在以下两个方面：其一，业务管理的目标决定了科技文献开发利用风险管理目标的内涵和外延。如果说信息安全管理领域、文献管理领域主要从事的是"如何控制风险"的工作的话，那么业务管理领域除了控制风险之外，还决定了"是否存在风险"、"风险的严重性如何"。不同的业务，其管理有着不同的目标，侧重点不同，风险也不同。即便是同一业务，不同时期、不同环境、不同机构的业务不同，风险也便不同。其二，风险的控制措施要在业务活动过程中实现，需要业务部门（具体到科技信息网格中就是服务提供者）执行。业务活动的开展过程也是科技文献开发、流转、利用的过程。信息安全部门和文件管理部门都是服务于业务的，并不能代替业务人员编辑、开发并提供科技文献，只能对科技文献的形成加以规定。比如信息安全部门要求业务人员定期查杀病毒，文献管理部门要求业务人员按照规定格式生成、保存文献。如果业务部门的业务人员不按规定操作，无论系统多么安全，文件管理多么全面，也不能杜绝风险。

所以，将科技文献开发利用风险控制仅看成信息安全部门和（或）文献管理部门的职责是不全面的，也是危险的。信息安全管理、文献管理和业务管理领域各有专攻，缺一不可。只有合理集成这三方面的力量，才能有效地控制科技文献开发利用所面临的诸多风险。

（3）控制方式

依据风险管理的基本原理，控制科技文献开发利用风险，可以采用预防、减轻、接受、转移和回避这五种基本方式。

①预防风险。风险预防是一种主动的风险控制方式，布局于风险事故出现之前，目的在于规避风险后果的出现，是效果最好的控制策略。预防风险的基本方法包括：

可以采取措施防止风险因素的出现。风险因素是导致风险后果的直接或间接原因，如果风险因素不存在，那么风险便会消失。比如，采用基于公钥基础设施的身份识别、数字签名技术，可以避免非法用户伪造、篡改文献而导致的文件不真实。

还可以消除已经存在的风险因素。对于已经出现但还没有造成损失的风险因素，可以采取一定的措施予以消除。比如发现文献没有脱机备份时，应将其保存到合格的脱机载体上，防止在线系统崩溃时文献信息的丢失。

也可以通过对风险因素的管理防止风险事故的发生。有些风险因素（如雷击、火灾、洪水等）是客观存在的，我们无法消除这些风险因素，也无法防止其出现，不过可以采取一定预防措施避免导致损失的风险事故的发生。

②减轻风险。减轻风险也属于主动的风险控制方式，旨在降低风险发生的可能性或减缓风险带来的不利后果。根据帕累托法则，所有风险中只有一小部分的威胁最大，集中力量控制住对科技文献开发利用安全影响最大的几个风险，并切断风险的连锁、耦合作用，是降低整体风险水平的关键。

减轻风险的基本方法有两种：减轻风险因素。某些已经存在的风险因素，无法消除，但是可以减轻（如开发执行者的不当操作）。可以通过业务培训、文献管理培训和计算机操作技能培训，增强文献开发者的风险管理意识，加强其对信息安全、文献安全和业务安全方面的法律、法规和规章、制度等的了解，同时提高技能，减少操作不当而引发风险事故的可能性。减轻风险后果。有些风险因素无法预防、无法消除，也无法减轻，比如软硬件系统缺陷。不过，仍然可以通过一定的措施，降低风险事故的危害。如制作异地备份，即便系统崩溃、科技文献丢失，也不至于造成毁灭性的打击。

③转移风险。转移风险的目的不是降低风险发生的概率或减轻不利后果，而是借用合同或协议，在风险事故发生时将损失的一部分转移到有能力承受或控制风险的个人或组织。根据风险转

移的对象，转移风险的基本方法包括两种：

其一，将科技文献开发利用风险转移给外包服务部门。科技信息网格需要众多服务提供商的支持，这些服务机构设有信息技术部门加强信息技术安全支持。通过明确其控制风险的责任与义务，可以有效转移风险。

其二，将科技文献风险转移给公证机构。公证机构是国家法律机关，其职能之一就是依法证明有法律意义的文书和事实的真实性、合法性，能够给科技文献的真实性以有力的证明。

④接受风险。接受风险是有意识地选择承担风险后果的一种方式，它不采取措施预防风险事故的发生，而是在事故发生后再行处理。如果分析认为可以承担损失，就可以采用这种方式，通常适用于概率低、后果轻的风险。接受风险策略分为主动和被动两种：

主动接受是指事先制订应急计划，如果风险事故发生，风险演变为实际的损失之后，即刻执行应急计划，对损失加以弥补，并防止其向更大范围内扩散。比如，由于信息的不准确造成科技成果评定失误之后，需要立即纠正，重新收集准确的信息。被动接受风险是指不采取任何弥补措施，直接承担风险事故造成的损失。在控制风险的费用超过损失时，可以采用这种策略。

⑤回避风险。回避风险是指由于资源的局限性，放弃对科技文献的开发利用管理，从而回避了潜在威胁发生的可能性。回避风险是一种最为消极的控制策略，在业务活动电子化初期时有所应用，本研究不建议采纳。

预防、减轻、接受、转移、回避这5种风险控制方式，主动性依次递减，而被动性依次递增，风险控制的难度递减，而风险后果的损失递增。在科技文献开发利用风险控制过程中，应根据不同地区、机构、业务、文献的特点，综合采用前4种方式，以主动性风险控制方式为主，以被动性风险控制方式为辅，尽可能将风险遏制在发作之前，同时将风险控制的成本控制在可接受的范围内。

（4）控制手段

无论是哪个层次、哪个领域采用哪种方式控制科技文献开发利用风险，系统、管理、制度、人员、资金都是其具体的实现手段。

①系统。这里的系统指形成、管理和保存，进而开发和提供利用科技文献信息的科技信息网格及其联结的各个节点所共同组成的系统。系统的安全是科技文献免遭风险的前提。"系统"类的风险控制手段，既要控制信息技术的先天缺陷，又要尽量减少设计中考虑的不周，涉及物理链路、计算机硬件、网络设备、应用软件、平台软件等多个方面。

②管理。管理是指生成、流转、传输、保存及开发和利用科技文献的管理性工作。面对网格系统和存储系统风险的累积，业务管理和文献管理都承担控制科技文献开发利用风险的任务，每一个施加于文献信息的操作都有保护科技文献的职责，应将文献管理与科技文献开发利用集成在一起。管理内容的优化和管理方法的改进，可以有效地防范和控制科技文献生命周期中面临的各种风险。

③制度。制度是要求成员共同遵守的规章或准则的统称，包括政策、法律、法规、标准、内部规定等多种形式。连续、有效、健全的制度是规范地控制开发利用风险的保障。我们不能将控制风险的希望全部放在某些安全产品上，因人为因素可能性极大削弱这些产品的能力，也不能将控制风险的希望过多地寄托在某些个人的道德力量和专业技能上。只有通过科学的制度建设，管制威胁文献开发利用的因素，调动各类人员控制风险的积极性才是根本之道。

④人员。人员是风险控制过程中最难的部分，也是最关键的部分。有效管理人员，从而控制科技信息开发利用风险，重点在于以下两点：一是认识到人人都可能导致风险，所以人人都负有控制风险的职责。因此，不仅要针对外部非法用户制定防护措施，也要加强内部人员的管理、培训与审计工作。二是专业分工

不同，每类人员控制风险的侧重点不同，应明确界定主管领导、信息技术人员、文献管理人员和文献开发者、利用者的责任、权利与义务。

⑤资金。资金是控制科技文献风险的基本物质保证。尽管它不是风险控制的充分条件，却是不可或缺的必要条件。系统开发、管理创新、制度建设以及人员培训的激励，都离不开资金的支持。资金管理和其他风险控制手段配合使用，可以发挥事半功倍的效用。

2. 风险控制措施

风险控制的理论模型从理论上给出了控制科技文献信息开发利用风险的指导和框架，而实践当中，还需要具体的、可执行的、针对科技信息网格特点的控制措施，才能将风险的预防和控制落到实处。本节针对 7.1.2 中讨论的各种风险类型制定控制措施。

（1）存储过程风险控制

针对存储过程类的各种风险，可以采取以下措施加以控制（见表 7.10）：

表 7.10　　　　　　　　存储过程风险控制措施

风险	控制措施
失密	①采用加密技术对需要保密的信息内容进行不同程度的加密
	②严格执行分级管理和访问控制机制
	③建立追查问责机制，一旦产生失密问题，及时处理，挽回损失
真实性受损	①维护科技文献与其元数据间的联系
	②维护科技文献与其来源间的历史联系
	③定期检查技术应用中的漏洞并予以完善

续表

风险	控制措施
完整性受损	①定期进行不同副本间的比对
	②保存对网格中科技文献的所有操作记录
可靠性受损	①应用数字签名技术，注重背景信息元数据的著录
	②明确标注并且完整保存科技文献的不同版本
	③对可靠性要求较高的科技信息，可向公正部门进行公正
来源缺失	①维护科技文献与其来源间的历史联系
	②将背景信息元数据与对应描述的科技文献一同保存，并着力保证它们之间的对应关系
无法识别	①定期检查，采取适当的迁移或模拟手段抵抗软硬件的快速升级
	②利用技术手段对无法识别的文献资源加以补救，挽回损失
保存方案实施失败	①配合引进相应的人才、技术等为制定的保存方案提供支持
	②对不现实的保存方案加以调整

（2）元数据风险控制

针对元数据类的各种风险，可以采取以下措施加以控制（见表 7.11）：

表 7.11　　　　　　　　元数据风险控制措施

风险	控制措施
与科技文献资源对应性缺失	①推广科技文献元数据规范的使用，确保每种类型的科技文献都具有可依照的元数据著录规范
	②在网格应用中增添保护元数据与其描述的科技文献资源间联系的操作规章
	③定期检查

续表

风险	控制措施
完整性与准确性受损	①日常的存储管理中增加针对元数据的回溯性检验
	②任何对元数据的直接操作须留有记录
	③制定元数据备份策略
元数据功能发挥不充分	①严格依据科技文献元数据规范的要求执行著录
	②了解用户与管理者需求，逐步完善元数据项设定

（3）网格环境风险控制

针对网格环境类的各种风险，可以采取以下措施加以控制（见表 7.12）：

表 7.12　　　　网格环境风险控制措施

风险	控制措施
资源安全问题	①制定严格的备份策略并遵照执行
	②对确定删除的数据采取粉碎方式执行删除，避免信息外泄
	③借助第三方力量（信息安全服务机构、审查机构等）转移风险，保障安全
	④在数据存储和传输过程中积极应用最新的安全技术，并不断升级，防止数据被盗取或篡改
	⑤依据保密等级的不同逐渐提高加密技术的复杂程度
	⑥将绝密信息放入私有网格节点中
服务可持续性问题	①将服务商和科技信息网格的各类服务器进行逻辑和物理上的独立隔离，减少发生事故时的连锁反应
	②加强公钥基础设施及统一身份权限分级管理
	③将科技信息网格节点上的具体科技文献资源进行逻辑和物理上的隔离，严格访问控制机制
用户权限管理问题	①建立用户分级管理制度划分用户权限
	②以用户中心认证机制进行访问控制，保护敏感网格资源

风险	控制措施
用户隐私保密问题	借助第三方机构（信息安全服务机构、审查机构等）的技术与监督，提高风险防范等级，转移风险，保障安全
虚拟化安全问题	①禁止普通用户对虚拟层的直接访问
	②实现虚拟层数据处理与物理层的隔离
	③对虚拟服务器实行逻辑隔离
	④在虚拟层设立防火墙，安装杀毒软件
	⑤监控并定期检查系统日志和防火墙日志并及时关闭不需要运行的虚拟机

（4）访问过程风险控制

针对访问过程类的各种风险，可以采取以下措施加以控制（见表7.13）：

表7.13　　　　访问过程风险控制措施

风险	控制措施
访问失败	发挥网格稳定的容错性优势，建立对等节点与备份服务器，避免出错时的访问失败，维持网格服务延续性
身份验证漏洞	①不断升级身份验证技术
	②设立防火墙
	③寻求第三方的监控与帮助
权限分配系统漏洞	①定期进行子系统功能测试，防患于未然
	②及时升级更新用户认证与授权技术，释放风险
访问体验不佳	①严格实施主动式服务，充分了解用户需求并提供帮助
	②提供个性化的随需应变服务

（5）获取过程风险控制

针对获取过程类的各种风险，可以采取以下措施加以控制（见表7.14）：

表 7.14　　　　　　　获取过程风险控制措施

风险	控制措施
科技文献信息可用性缺失	①制定定期迁移或模拟策略，保持资源可用性
	②帮助用户寻找软件或模拟器，解决既成的问题
	③定期检查
科技文献信息获取不完整、不准确	①建立著录过程和结果的审查制度
	②提供科技文献信息前先行检查
科技文献信息获取不及时	①仔细评估每次任务所需时间
	②建立应急预案，必要时增派人力资源

（6）法律类风险控制

针对法律类的各种风险，可以采取以下措施加以控制（见表7.15）：

表 7.15　　　　　　　法律类风险控制措施

风险	控制措施
知识产权风险	①建立知识产权审查机制
	②积极与版权人沟通，获取版权
	③对于存在问题的数字资源，要积极进行处理，以使其符合知识产权法的要求，以利于长期开发与服务
合约违背风险	①建立预警机制，在实践中重点关注合约中可能带来风险的条款
	②与第三方法律事务部建立合作，转移风险

（7）资金类风险控制

针对资金类的各种风险，可以采取以下措施加以控制（见表7.16）：

表 7.16　　　　　　　　资金类风险控制措施

风险	控制措施
资金不足	①积极开展增值服务，收取一定费用
	②积极寻求赞助来源
	③开发广告收入
	④与政府协作，取得财政支持
资金浪费	①建立审计制度
	②制定预算并严格遵照执行
意外支出	①做好防控与检查，减少意外发生
	②预留备用专项资金

（8）人员类风险控制

针对人员类的各种风险，可以采取以下措施加以控制（见表 7.17）：

表 7.17　　　　　　　　人员类风险控制措施

风险	控制措施
人才流失	①提供员工满意的待遇和发展空间
	②人性化管理，培养员工归属感
	③组织内知识共享，减少人才流失的冲击
人员技能退化	定期举办业务考核与演练
人员技能过时	①制定人员培训计划，不断提高完善人员技能
	②与服务提供商、开发商等合作，及时引入前沿技术

三、风险控制技术实现

通过以上风险分析和控制策略的制定，可以发现，要想确保科技文献信息开发利用全过程安全高效地运行，不但需要规章、制度上的保障，更需要技术上的支持。根据 OSI 安全体系结构，① 网格环境中的安全需求以加密解密、身份认证、访问控制和数据库安全最为突出。也可以说，这几个环节是确保科技信息网格安全运转，进而保障科技文献信息开发利用的关键。

应用前文技术要素中所述信息安全技术，本研究设计身份认证与加密、访问控制和数据库安全四个模块来保证科技文献信息开发利用过程的安全与顺利运行。

（1）权限认证模块与加密模块

①任务目标。第一，通过用户名和密码对资源请求者的身份和权限加以验证。第二，实现科技信息网格系统内的存储安全与通信安全。

②处理过程。首先，用户在客户端向网格服务器发送用户名和密码。其次，网格服务器向用户认证中心验证资源请求者的身份和权限。最后，若验证通过，则为用户调配响应资源，若未通过验证则返回错误。（具体如图 7.4 所示）

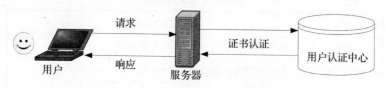

图 7.2　身份验证与加密处理流程

③身份认证模块实现。本模块应用于用户登录科技信息门户后的身份验证。

首先，在服务器端先声明一个从 Username Token Manager 继承下来的类：

Public class UserNameTokenManager：UsernameToken-Manager；

① 刘武，杨路，段海新. OSI 网络与 TCP/IP 网络的安全互联 [J]. 计算机工程，2003（19）：26—28.

认证过程中需要进行一系列串行及并行的验证活动,具体包括用户名、密码、令牌等的正确与否和有效与否。技术上应用的方法有:

提供验证互用令牌的具体实现的

protected virtual string Authenticate Token (Username Token token)

验证用户名及密码的

public static Windows Principal Logon User (string username,string password)

验证用户的哈希密码的

protected virtual void Verify Hashed Password (Username Token token,string authenticated Password)

验证密码正确性的

protected virtual void Verify Password (Username Token token,string authenticated Password)

验证明文密码正确性的

protected virtual void Verify Plain Text Password (Username Token token,string authenticated Password)

验证用户令牌内用户名和密码有效性的

public override void Verify Token (Security Token token)

代码层的执行过程中一次调用 Usernametoken、Verifytoken 和 Authenticatetoken 逐级验证用户密码、身份与权限。若全部通过验证,则赋予用户身份认证,若未通过,则不与授权。至此就完成了科技信息网格中最基本的基于用户名/口令的验证,以后基于用户权限的访问控制也是以此为基础的。

④加密模块实现。本模块用于满足科技信息网格中文献信息的保密性的要求。

借助 WSE 提供的强大功能,使得加密模块的实现变得相对简单,只需要在服务提供与接收的两端进行相应的设置即可。设置好加/解密方式与证书之后保存为自定义 SLPolicy 策略,并配合身份验证在客户端和服务器端添加如下代码：

```
<policy name="SLPolicy">
    <username Over Transport Security/>
    <require Action Header/>
</policy>
```

最后在客户端使用代理调用网格服务之前需要指定代理策略。

（2）访问控制模块

本模块应用于科技信息网格的权限管理器中，实现网格对用户的分级管理，保证敏感资源与服务的安全性。总体思想是利用WSE建立每个用户的权限信息，并据此控制用户对科技信息网格资源的调用。

①任务目标。与用户认证中心密切配合，管理各级用户访问科技信息网格资源的权限，实现网格中的分级管理和访问控制功能。

②处理过程。用户名及密码通过加密模块以加密方式传输，抵达证书服务器再经身份认证模块认证用户身份后，赋予用户访问科技信息网格资源的权限，否则返回错误结果。具体如图 7.5 所示：

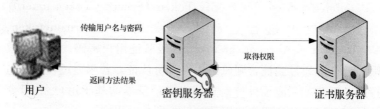

图 7.3 访问控制模块工作示意图

③模块实现。前面两个模块已经为本模块的实现创造了良好的基础条件，因此此处仅需在服务中添加相应资源的访问权限的判定代码即可。

（3）数据库安全模块

本模块应用于保证科技文献的存储安全。

科技文献信息具有非常重要的价值，数字化的科技文献一般存储于各保存单位的数据库中。但如本章所述，在存储过程中难免会遇到人为的、自然的、有意的或无意的破坏风险，使一些宝贵的科技文献信息处于危险之中。所以需要建立数据库安全模块保障数字化科技文献的存储安全。制作数据备份是最为简单、有效、可靠且经济的数据库安全手段。

本研究依托 SQLServer 来制定安全的备份计划。科技文献数据库的备份应采用多种策略协作互补的方式进行。具体来讲，就是要做到定时备份、增量备份、多份备份和异质备份，尽量缩短备份间隔时间，并实行异地存放。

SQLServer2008 提供了丰富的数据库设计工具，可以依托这些工具来进行以上备份策略的实现。

四、本章小结

本章在风险管理理论的指导下首先对数字环境下科技文献信息开发利用进行风险识别。结合前文风险要素一节中的分析，识别出当前科技文献信息开发利用所面临的风险主要包括：存储过程风险、元数据风险、网格环境风险、访问过程风险、获取过程风险、法律类风险、资金类风险和人员类风险 8 种。为此，本章在理论上，从建立层次、领域、方式和手段四个方面入手建立完整可靠的风险控制模型；在实践上详细制定每类风险的控制措施，最后，应用关键技术，设计了 4 种安全模块，为科技文献信息开发利用的整体系统提供技术保障。

第八章　结论与展望

一、研究结论

信息技术的快速发展对科技文献信息开发利用来说是挑战也是机遇，如果能够充分利用数字环境带来的便捷条件和高技术手段，可以帮助科技文献信息走出困境，取得突破，发挥更广阔的作用。本研究以文献及实践调研为基础，对数字环境下科技文献信息的元数据、信息集成与共享、统一检索、服务理念、服务内容、服务模式以及风险的识别与控制等问题展开了细致研究，得到以下基本结论：

（1）我国科技文献信息的开发利用仍处于较低水平。开发方面，本研究通过调查发现，虽然目前我国已经基本形成以国家科技图书文献中心为核心、以地区和行业文献服务机构为补充的科技文献共建共享系统，但其中地区间发展不平衡的问题比较严重，经济相对发达的省份得到的政策、资金支持较大，利用效果相对较好，由此形成良性循环；欠发达地区的相关建设则差强人意。从资源建设角度看，内容上多以期刊文献为主，而对于标准文献、科技报告、学位论文、科技档案或产品样本等科技文献种类却少有涉及，分布上则仍然存在重复建设的问题，未能充分发挥共享优势。从服务提供的角度看，仍以常规服务为主调，增值服务开发不足。

利用方面，对科技文献的特点和价值缺乏认识，也不知道从何处入手查找利用科技文献信息的用户在调查中占大多数。资源过于分散和缺乏检索工具是造成用户利用困难的最主要障碍，其后是全文获取困难、信息质量与时效性低以及费用过高。调查中全部用户均表达愿意了解和利用科技文献的意愿，可见我国公众对科技文献具有相当高的利用热情和期望。

（2）全面而完整的科技文献元数据是科技文献信息标引、揭示和检索的有力工具，也是整个开发利用工作的基础。对数字化科技文献信息进行标引和揭示性的描述是信息开发的重要手段；另一方面，根据调研结果，检索工具的缺乏是影响用户利用科技文献信息的主要障碍之一。而科技文献元数据的功能发挥则可以一同兼顾开发与利用两个方面的需求。由于国家科技图书文献中心已经制定了部分种类的科技文献元数据标准，所以本研究在其基础上，按照其已有的元数据结构，制定专利文献、标准文献、科技档案与产品样本的元数据规范作为补充完善。在具体的制定过程中采用专家访谈法广泛获取权威意见并反复修改以确保规范的权威性，最后以 XML 语言完成元数据的置标，实现元数据的机器可读。

（3）借助科技信息网格能够实现数字环境下科技文献信息的广泛集成与统一检索。当前互联网中的科技信息资源以分布而零散的孤立状态存在，为用户的利用带来了极大的不便。建立科技信息网格能够将这些独立的、异构的科技资源以节点的方式相互联结，发挥整体功能，实现更大的价值，并以统一的方式向用户提供利用。具体来说，在科技文献元数据的基础上，遵循 OAIS 参考模型和 OAI－PMH 协议，能够在科技信息网格中实现各类型科技文献信息的集成；以标准化检索服务协议和检索服务发现与描述协议为基础，可以搭建起科技信息网格的统一检索平台，实现异构文献信息的统一检索。

（4）随需应变的科技文献信息服务对于科技文献的利用具有良好的促进作用。随需应变的服务模式具有层次化、差异化、主动式和交互式的特点，同时服务内容多样，在自助检索、联合目录、参考咨询、信息推送、个性化定制服务、信息共享空间、个人/机构知识管理以及信息素质教育等传统服务形式基础上，以选题辅助、引导启发、成果评估、专利代查、产品分析与标准推介 6 项服务突出科技文献的特点和作用。在服务方式上具有灵活性，以 SOA 架构实现对用户需求的快速响应。最终通过优质的服务和用户问题的解决，带给用户良好的体现，从而促进科技文献信息的利用。

（5）数字环境下科技文献信息的开发利用面临着较以往更为复杂的风险，需要在理论和实践上制定多重策略加以控制。环境变革中风险的累积、生命周期过程风险的累积、网格系统与存储系统风险的累积、技术转型风险与制度转型风险的累积共同造成了数字环境下科技文献信息开发利用风险的加重，使其主要面临着存储过程类、元数据类、网格环境类、访问过程类、获取过程类、法律类、资金类和人员类 8 种风险的威胁。为此，在理论上，可以从层次、领域、策略和手段四个方面入手建立完整可靠的风险控制模型；在实践上要详细制定每类风险的控制措施，并应用技术手段加以实现，才能真正为科技文献信息的开发利用提供安全保障。

二、研究展望

科技文献本身类型复杂多样，各具特色且内涵丰富，所涉及的学科领域也非常广泛。虽然笔者在研究过程中力求全面而深入地对科技文献信息开发利用问题进行探究，但受精力与能力所限，当前取得的研究成果必然存有一些不足和未尽之处。在未来的研究中，笔者认为需要进一步解决的问题包括如下几个方面：

（1）语义网技术的应用。数字环境下科技文献信息的开发利用需要大量信息技术的支撑。而现代信息技术发展一日千里，因此必须随时掌握技术发展的动向与趋势并积极应用先进技术才能始终保持自身优势。科技信息网格为分布异构的科技文献信息资源的整合与集成提供了基础，并且为用户透明地获取科技信息资源与服务提供了条件。但由于语义关系的缺乏使其尚不能满足对语义层面信息内容进行开发的需求。随着语义网及其相关技术（如本体技术、概念格技术、桥本体等）的不断发展完善，科技信息网格向语义网格的升级是必然的趋势。

（2）云计算技术的应用。云计算是由 Google 于 2006 年首先提出的概念。它实质上可以理解为网格计算的商业实现。二者在理念上是殊途同归的，都是为了让用户拥有透明访问各种信息资源的能力，同时有效提高资源的利用率。2009 年，OCLC 正式宣布将向它的会员图书馆提供基于云的 Web 规模的协作式的图书馆管理服务，目标是所有图书馆使用同样的、共享的硬件、服务和数据。CALIS 也在其总投资 2.1 亿的"十一五"项目中采用云计算技术来构建新一代中国高等教育数字图书馆，旨在为全国近 2000 个高校成员馆提供标准化、低成本、自适应、可扩展的高校数字图书馆云服务平台。可见，云计算的应用已经成为未来信息服务领域的发展方向。因此，有必要就如何在现有成果基础上应用云计算技术，提高资源组织与服务效率、扩大服务的可及性与影响力方面展开进一步研究。

（3）各学科的元数据补充。科技文献以科学性为本质属性，也就决定了每一种科技文献类型都包含着众多学科的内容。各个学科拥有其自身的研究范围和特点，这种学科属性反过来又会体现在各类科技文献之中。为了更好地实现资源的检索、定位、揭示和提供，科技文献元数据有必要具有对学科特点的反映能力。未来可通过在现有科技文献元数据框架内添加可选元素的方式构建子集，来进一步分学科细化现有元数据标准。这项浩大的工程无疑需要多学科专家的参与。

（4）实证研究的应用。本文的研究成果以对科技文献信息开发现状与利用需求的实际调研为基础，来源于实践，也需要到实践中进行检验与完善。但由于科技文献分布广、数量大，具体的开发利用过程涉及管理机构、存储机构、研究机构、服务提供商等多个主体，需要政策法规、技术、资金等多方面的保障，为实践的检验增添了难度。未来可借助政府部门的力量，寻找契机促成研究成果实证的进行。

参 考 文 献

中文文献

[1] 鲍喆君. 信息的增值原理及其经济价值计量研究 [J]. 情报杂志，2003（12）：8—12.

[2] 毕强，朱亚玲. 元数据标准及其互操作研究 [J]. 情报理论与实践，2007（5）：32—38.

[3] 毕强，沈涌. 数字图书馆网格信息资源组织模式研究 [J]. 图书情报工作，2007，51（8）：10—14.

[4] 陈传夫. 中国科学数据公共获取机制：特点、障碍与优化的建议 [J]. 中国软科学，2004（2）：8—13.

[5] 程焕文，潘燕桃. 信息资源共享 [M]. 北京：高等教育出版社，2006.

[6] 程桂英. 开发利用文献信息资源是图书馆改革的出发点和归宿 [J]. 四川图书馆学报，1999（1）：15—17.

[7] 陈勇. 浅谈高校图书馆文献资源的开发与利用 [J]. 贵图学刊，1989（2）：21—23.

[8] 陈富安. 论文献资源的开发及其模式 [J]. 四川图书馆学报，1990（1）：1—10.

[9] 崔瑞芳. 谈科技档案管理中的知识产权保护 [J]. 浙江档案，2004（6）：19—22.

[10] 代根兴，周晓燕. 科技信息资源概念研究 [J]. 情报理论与实践，1999（6）：8—15.

[11] 丁晓清. WWW 与最新科技文献信息检索 [J]. 情报

杂志，1998（2）：21－22.

[12] 邓要武. 科技报告、专利文献和标准文献资源检索与利用 [J]. 图书馆工作与研究，2008（7）：71－74.

[13] 丁梅娟. 建设省级区域性科技文献信息资源共建共享体系的思考 [J]. 图书馆工作与研究，2005（1）：51－53.

[14] 杜克. 文献信息开发工作 [M]. 北京：北京图书馆出版社，2001.

[15] 樊玉敬. 科技文献检索与利用 [M]. 北京：高等教育出版社，2002，10：30.

[16] 范真祥. 二十一世纪文献资源共享的发展战略 [J]. 河南图书馆学刊，1997（3）：17－19.

[17] 葛川，陈洪梅，刘岚. 数字资源统一检索系统的设计与实现 [J]. 现代情报，2011（4）：49－52.

[18] 葛慧丽. 基于科技创新服务的区域科技文献平台发展现状与思考 [J]. 现代情报，2011（6）：46－49.

[19] 葛郁葱. 标准文献的特点及其检索方法 [J]. 情报杂志，2009（12）：166－167，160.

[20] 辜寄蓉. 基于元数据的综合数据管理与信息共享 [D]. 四川：成都理工大学，2003：86－89.

[21] 韩毅，黄微，崔春. 语义网格环境下数字图书馆知识组织模型构建研究 [J]. 图书情报工作，2007（8）：15－20.

[22] 韩宗芬，陈羚，袁平鹏等. 基于关联的科技文献检索方法 [J]. 华中科技大学学报，2007（11）：69－72.

[23] 郝晓玲，孙强. 信息安全管理：标准、理解与实施 [EB/OL]. [2012－2－8]. http://www.e800.com.cn/articles/94/1091788186811_2.html.

[24] 洪社娟. 论数字信息时代科技文献信息检索的方法及其重要意义 [J]. 中央民族大学学报，2005（2）：178－184.

[25] 黄如花. 学科信息门户信息组织的优化 [J]. 图书情报工作，2005，49（7）：11－15.

[26] 黄世喆. 对科技文件概念的不同含义的理解 [J]. 湖北档案，2005 (12)：13－15.

[27] 霍忠文. 内涵、范畴、作用、任务——美国国防部《科技信息计划》透视录 [J]. 情报理论与实践，1999 (6)：45－49.

[28] 霍振礼. 也从科技文件与科技档案的关系谈起——没有理由淡化科技档案概念 [J]. 档案学通讯，2005 (4)：11－13.

[29] H. W. 刘易斯著，杨健等译. 技术与风险 [M]. 北京：中国对外翻译出版公司，1994：27.

[30] 靖继鹏，毕强. 情报学理论基础 [M]. 长春：吉林科学技术出版社，1996.

[31] 赖茂生，杨秀丹等. 信息资源开发利用基本理论研究 [J]. 情报理论与实践，2004 (3)：229－235.

[32] 赖院根. 科技文献跨语言推荐模型研究 [J]. 中国图书馆学报，2011 (10)：22－26.

[33] 赖院根，曾建勋. 期刊论文与专利文献的整合框架研究 [J]. 图书情报工作，2010 (4)：109－112.

[34] 李晓. 云南省科技文献公用平台管理机制创新实践 [J]. 现代情报，2010 (1)：147－150.

[35] 李晓，王瑾. 论建立科技文献资源共建共享机制 [J]. 现代情报，2004 (1)：2－4.

[36] 李敏，王凭，白凯. 高校图书馆特色数据库建设难点与实践 [J]. 情报杂志，2007 (11)：134－135，138.

[37] 李娜. 科研协同信息平台服务内容分析与服务体系构建 [J]. 情报科学，2011 (9)：840－845.

[38] 李卓. OCLC 联机联合编目计划的新发展 [J]. 情报杂志，2005 (1)：130－132.

[39] 李志明，胡森树. 数据挖掘及其在现代图书馆中的应用 [J]. 图书馆学研究，2006 (6)：22－24.

[40] 林辉，林伟. 科学文献的增长规律和老化规律及其新的一般模型 [J]. 情报杂志，2010（4）：22－25.

[41] 梁娜，张晓琳. 关于数字信息长期保存的元数据 [J]. 四川图书馆学报，2002（1）：16－21.

[42] 刘嘉. 元数据：理念与应用 [J]. 中国图书馆学报，2001（5）：15－21.

[43] 刘晓东. 数据挖掘在图书馆工作中的应用 [J]. 情报杂志，2005（8）：63－65.

[44] 刘娅，洪峡. 英国典型科技信息服务机构运行机制分析及启示 [J]. 数字图书馆论坛，2009（12）：18－22.

[45] 孟爱宁. 如何在网络环境下开发和利用美国政府出版物 [J]. 图书情报工作，2001（5）：56－61.

[46] 孟雪梅. 信息资源建设 [M]. 哈尔滨：黑龙江人民出版社，2002.

[47] 那伟栋. 国内网络灰色文献的开发和利用 [J]. 现代情报，2011（3）：99－102.

[48] 屈宝强，吴家喜，赵伟. 地方科技文献共享平台服务研究 [J]. 国家图书馆学刊，2012（1）：12－16.

[49] 屈宝强. 战略管理框架下科技文献机构资源共享及绩效评估分析 [J]. 情报理论与实践，2010（2）：25－28

[50] 屈宝强，彭洁，赵伟. 基于合作博弈的科技文献机构资源共享分析 [J]. 图书情报工作，2010（4）：21－25

[51] 石芝玲，和金生. 知识转移与知识发酵 [J]. 情报杂志，2010，29（1）：135－138，16.

[52] 汤光恒. 网格环境下的数字图书馆检索模型研究 [J]. 情报杂志，2006（8）：103－106.

[53] 汪琳. 论产品样本的情报价值、定向收集与数字化加工 [J]. 图书馆论坛，2010（4）：147－149.

[54] 王大可. Ohio LINK 的网络建设与信息资源共享 [J]. 现代图书情报技术，1999（6）：39－41.

[55] 王建芳. 基于计量方法的学科信息门户资源采选机制[J]. 大学图书馆学报，2009，(3)：33－37.

[56] 王传宇，李统祜. 科技档案管理导论 [M]. 南京：南京大学出版社，1993：5.

[57] 王燕军. 现代科技文献的特点和作用 [M]. 北京：中国出版社，1996.

[58] 王雪，王欣，贾志雷. 吉林省科技文献信息服务平台的建设与思考 [J]. 现代情报，2012 (2)：33－38.

[59] 王勇. 网络信息资源开发中的多网合作模式 [J]. 中国图书馆学报，2002 (5)：50－53.

[60] 吴钢华. 信息增值的特点及其原理概述 [J]. 情报理论与实践，1998 (2)：32－36.

[61] 吴品才. 狭义科技文件的广义理解 [J]. 档案，1996 (5)：30－35.

[62] 乌家培. 信息资源与信息经济学 [M]. 大连：东北财经大学出版社，1986.

[63] 辛文华. 科技文献检索——谈文献检索的意义、作用、内容和要求 [J]. 情报知识，1982 (3)：9－10.

[64] 徐佳宁. DC 元数据在网络资源学科导航体系中的应用研究 [J]. 图书馆建设，2002 (1)：17－21.

[65] 杨秋实. 科技文献原文获取问题再探讨 [J]. 情报理论与实践，2004 (6)：629－631.

[66] 杨淇蒨. 科技文献共享服务平台建设与信息服务探讨[J]. 情报科学，2011 (9)：1374－1377.

[67] 杨丽兰. 浅谈科技档案开发利用中的保密工作 [J]. 云南档案，2009 (1)：28－29.

[68] 姚向阳. 从 OCLC 和 RLIN 的比较看国外资源共享体系的特点 [J]. 情报科学，2001 (7)：741－743.

[69] 游斌. 信息增值原理探索 [J]. 情报杂志，2006 (2)：88－90，93.

[70] 于锡南. 用能量观点诠释科学文献的"老化"现象 [J]. 情报杂志，2002（8）：15－18.

[71] 曾建勋，邓胜利. 国家科技图书文献中心资源建设与服务发展分析 [J]. 中国图书馆学报，2011（2）30－35.

[72] 张晓林，孙坦，刘细文，孟连生等. 数字时代国家科技文献中心的战略选择 [J]. 图书情报工作，2009（1）：42－46.

[73] 张晓林. 分布式学科信息门户网络信息导航系统规范建设 [J]. 大学图书馆学报，2002（5）：28－33，43.

[74] 张晓林. 元数据开发应用的标准化框架 [J]. 现代图书情报技术，2001（1）：50－58.

[75] 张文德，贺德方，彭洁. 科技文献共享的知识产权保护机制研究 [J]. 情报理论与实践，2009（7）：49－53

[76] 张树华. 50年代以来图书馆为科研为生产服务的进展与展望 [J]. 中国图书馆学报，l992（1）：45－50，81.

[77] 张凯勇，杨浴琮. 用户需求导向下的数字参考咨询馆员服务质量提升策略研究 [J]. 图书馆学研究，2008（11）：91－93，77.

[78] 赵慧勤. 网络信息资源组织—元数据 [J]. 情报理论与实践，2000（6）：31－35.

[79] 郑建程，袁海波. NSTL 外文科技期刊回溯数据库的国家保障策略 [J]. 图书情报工作，2010（13）：10－13.

[80] 周晓林. 正确处理科技档案开发利用中的保密问题 [J]. 浙江档案，1996（3）：27－28.

[81] 朱立红. 高校图书馆的数据挖掘技术应用与用户研究 [J]. 图书馆杂志，2008（6）：35－38.

英文文献

[82] A. C. Townsend. Guides to Scientific Literature [J]. Journal of Documentation，1955，18（2）：73－78.

[83] A. Reinefeld, F. Schintke. Conceptes and technologies for a worldwide grid infrastruct—ure [EB/OL]. [2012—3—23]. http: //www. springerlink. com/content/uppxeyxga6laba Amy Trappey, Charles Trappey. An R&D knowledge management method for patent document summarization [J]. Industrial Management & Data Systems, 2008, 108 (2): 32—45y8/.

[84] A Rajasekar, R Moore. Data and metadata collections for scientific applications [C]. European High Performance Computing Conf. Amsterdam. Holland, 2001

[85] Aronson A R. The MetaMap mapping algorithm [J]. Internal report, 2000, 12 (8): 22—35

[86] Amy Trappey, Charles Trappey. An R&D knowledge management method for patent document summarization [J]. Industrial Management & Data Systems, 2008, 108 (2): 32—45.

[87] Belver C, Griffith, Patricia N. The aging of scientific literature: a citation analysis [J]. Journal of Documentation, 1999, 35 (3): 82—96.

[88] Betty Smith, Shirley V King, Ian Stewart. Survey of demand for Japanese scientific and technical serial literature [J]. Interlending & Document Supply, 2007, 15 (4): 112—123.

[89] C. W. Hanson, Marian Janes. Coverage by abstracting journals of conference papers [J]. Journal of Documentation, 1961, 17 (3): 115—136.

[90] Cambazoglu B, Karaca E, Kucukyilmaz T. Architecture of a Grid—Enabled Web Search Engine [J]. Information Processing and Management, 2007 (3): 609—623.

[91] Chen Liming, Shadbolt N R, Goble C A. A Semantic Web—Based Approach to Knowledge Management for Grid Applications [J]. IEEE Transactions on Knowledge and Data Engineering, 2007 (2): 283—296.

［92］Chen Nianshing，Kinshuk，Wei Chunwang. Mining E－Learning Domain Concept Map from Academic Articles ［J］. Computers & Education，2008（3）：1009－1021.

［93］C. V. Clark. Obsolescence of the patent literature ［J］. Journal of Documentation，1976，32（1）：98－106.

［94］C. W. Wilson. Report literature used by aerodynamicists ［J］. Aslib Proceedings，1978，10（8）：102－111.

［95］Davarpanah，Iranshahi. A comparison of assigned descriptors and title keywords of dissertations in the Iranian dissertation databa ［J］. Library Review，2005，549（6）：88－97.

［96］D. N. Wood，K. P. Barr. Courses on the structure and use of scientific literature ［J］. Journal of Documentation，1986，22（1）：132－140.

［97］Don MacMillan，Mindy Thuna. Patents under the microscope：Teaching patent searching to graduate and undergraduate students in the life sciences ［J］. Reference Services Review，2010，38（3）：112－123.

［98］Diane Vizine－Goetz. High Level Subject Access：Tools and Techniques in Internet Cataloging ［J］. Library Resources & Services，2004，48（1）：82－83.

［99］Erik. Why cataloging Internet resources？ ［J］. Computers in libraries，1996，（16）1：8－12.

［100］Evernden R. The Thirdgeneration Information Architecture ［J］. Communication of the ACM，2003（3）：118－130.

［101］Fujino A，Ueda N，Saito K. A. Hybrid. Generative Discriminative Approach to Text Classification with Additional Information ［J］. Information Processing and Management，2007（2）：379－392.

［102］Foster I，Kesselman C. The grid：blueprint for a

new computing infrastructure [M]. San Francisco, CA, USA: Morgan Kaufmann Publishers Inc, 1998: 55—56.

[103] Gerrard, Lyle. Handling industrial (scientific and technical) confidential report material [J]. Aslib Proceedings, 1966, 18 (8): 27—35.

[104] Huang Xianrong, Li Xiao. Exploring copyright solutions to online—sharing of scientific literature [J]. 2010, 28 (3): 35—42.

[105] Ian Foster. What is the grid? A three point checklist. [EB/OL]. [2012—04—06]. http://www. it. jcu. edu. au/Subjects/cp5170/2006—2/Tsv/resources/session1/What _ is _ the _ Grid. pdf.

[106] Ian Foster, Carl Kesselman. The physiology of the Grid: an open Grid services architecture for distributed systems integration [EB/OL]. [2012 — 03 — 18]. http://www. chinagrid. net/grid/paperppt/GlobusPaper/ogsa. pdf.

[107] Iamnitchi I, Foster, D Nurmi. A Peer to Peer Approach to Resource Discovery in Grid Environments [C]. In Proceedings of the 11th Symosium on High Performance Distributed Computing. Edinburgh, UK, 2000

[108] Janice Bradshaw. Evaluation of Biomed and ISTPB, two new literature databases from the Institute of Scientific Information [J]. Online Information Review, 2003, 7 (3): 15—22.

[109] Jason Novoiny, Michael Russell, Oliver Wehretns. GridSphere: A Portal Framework for Buiding Collaborations [EB/OL]. [2012—3—20]. http://www. gridsphere. org/documents.

[110] J. Biskup and D. W. Embley. Extracting information from heterogeneous information sources using ontologically specified

target views [EB/OL]. [2011－12－30]. http：//www. deg. byu. edu/papers.

[111] John Price－Wilkin. OPTEXT：Government Publications on CD － ROM [J]. Reference Services Review，1987，15（2）：18－24.

[112] Katsuyo Thornton，Dallas R. Trinkle. Applying for computational time on NSF's TeraGrid—the world's largest cyberinfrastructure supporting open research [J]. JOM，2010（3）：17－18.

[113] Klink S，Dengela，Kieningert. Rule Based document structure understanding with a fuzzy combination of layout and textual features [J]. Int'l Journal on Document Analysis and Recognition，2001，4（1）：18－2.

[114] Kim D S，Hwang S H，Gee H. Concept Analysis of OWL Ontology Based on the Context Family Model [C]. Proceedings of Convergence Information Technology. Washington：IEEE Computer Society，2007：896－901.

[115] K. Jeffery. GRIDS in ERCIM——The European Research Consortium for Informatics&Mathematics [EB/OL]. [2012－03－23]. http：//www. ercim. org.

[116] Kristin Yiotis. Electronic theses and dissertation（ETD）repositories：What are they? Where do they come from? How do they work? [J]. OCLC Systems & Services，2008，24（2）：102－114.

[117] Krishnan S，Bhatia K. SOAs for Scientific Applications：Experiences and Challenges [J]. Future Generation Computer Systems，2009，25（4）：466－473.

[118] Linda Frederiksen. Report Literature in the UK [J]. Aslib Proceedings，1987，25（8）：57－64.

[119] Losee R M. Decisions in Thesaurus Construction

and Use [J]. Information Processing and Management, 2007 (4): 958—968.

[120] Mark Hurst. About Information Architecrure [EB/OL]. [2012—03—30]. htttp://www. goodexperience. com.

[121] McIntosh R L. Open Source Tools for Distributed Device Control Within a Service — Oriented Architecture [J]. Journal of the Association for Laboratory Automation, 2004, 9 (6): 404—410.

[122] M. C. Pottinger. Scottish resources of scientific and technical literature and information and the need for more systematic organization [J]. Aslib Proceedings, 1953 (2): 155—162

[123] McDonough B. Enterprise portals: Adding value through workflow [J]. KMWord, 2003 (3): 15—19.

[124] Martnez — Gonzalez M, De La Fuente. Introducing Structure Management in Automatic Reference Resolution: An XML—Based Approach [J]. Information Processing and Management, 2007 (6): 1808—1832.

[125] Marica Staresinic, Bojana Boh. Patent informatics: The issue of relevance in full — text patent document searches [J]. Online Information Review, 2009, 33 (1): 145—160.

[126] Melih Kirlidog, Didar Bayir. The effects of electronic access to scientific literature in the consortium of Turkish university libraries [J]. Electronic Library, 2007, 25 (1): 164—175.

[127] Michael Gorman. Cataloguing the WEB: An Oxymoron? [EB/OL]. [2012—03—13]. http://mg. csufresno. edu/papers/Metadata. pdf.

[128] Murat K. Need for a Systemic Theory of Classification in Information Science [J]. Journal of the American Society for Information Science and Technology, 2007 (13): 1977—1987.

[129] National Institute of Standards and Technology. Federal Information Processing Standards [EB/OL]. [2012 – 04 – 3]. http://wenku. baidu. com/view/4696ef6ba45177232f60a2c5. html.

[130] Nenadic G, Spasic I, Ananiadou S. Terminology — driven mining of biomedical literature [J]. Bioinformatics, 2003, 19 (8): 938—943.

[131] Nico Dauphiné, Mary Anderson Ochs, Nicole K. Joos. Bringing scientific literature to the developing world: The Essential Electronic Agricultural Library (TEEAL) [J]. Online Information Review, 2009, 27 (1): 34—48.

[132] NormKrislin. On the Dublin — Core Front: Those who can, teach: an interview with Jane Greenberg [J]. OCLC Systems and Services, 2004 (20) 7, 4: 148—151

[133] Renata Tagliacozzo. Self — citations in scientific literature [J]. Journal of Documentation, 1997, 33 (4): 54—67.

[134] Reference Model for an Open Archival Information System (OAIS) [EB/OL]. [2012—03—26]. http://public. ccsds. org/publications/archive/650x0b1. pdf.

[135] R. C. Wright. Exploiting report literature [J]. Aslib Proceedings, 1983, 5 (4): 341—344.

[136] Sinclair J, Cardew—Hall M. The Folksonomy Tag Cloud: When Is It Useful? [J]. Journal of Information Science, 2008 (1): 15—29.

[137] Smarr L, Catlett C. Metacomputing [J]. Communications of the ACM , 1992, 35 (6) 124—135.

[138] Smarr L, Catlett C. Overview of the I — WAY: Wide Area Visual Supercomputing [J]. International Journal of High Performance Computing Applications, 1996, 10 (6):

33—48.

[139] Steve Hitchcock, Les Carr, Stevan Harnad. Developing Services for Open Eprint Archives: Globalisation, Integration and the Impact of Links [EB/OL]. [2012 — 03 — 31]. http://opcit. eprints. org/dl00/dl00. html.

[140] Steven Zink. Government publications [J]. Reference Services Review, 1991, 9 (2): 91—104.

[141] Swanson D R. Fishoil. Raynaud's syndrome, and undiscovered public knowledge [J]. Perspectives in Biology and Medicine, 1986 (31): 526—557.

[142] Suarez O S, Carreras Riudavets F J, Figueroa Z H, et al. Integrationof an XML Electronic Dictionary with Linguistic Tools for NaturalLanguage Processing [J]. Information Processing and Management, 2007 (4): 946—957.

[143] Susan Xue. Web usage statistics and Web site evaluation: a case study of a government publications library Web site [J]. Online Information Review, 2004, 28 (3): 72 —81.

[144] T. C. D. Evans. Cataloguing of government publications. Aslib Proceedings, 1970, 2 (3): 146—147.

[145] The Grey Literature Network Service. [EB/OL]. [2012—02—26]. http://www. greynet. org.

[146] The 4th Dublin Core Metadata Workshop Report. [2012—03—16]. http://www. dlib. org.

[147] Thulasidasan S, Gardner M. The LDAP data interchange format (LDIF): technical specification [J]. IEEE Journal on Selected Areas in Communications. 2008, 17 (6): 1067—1082.

[148] Tuecke S, Czajkowskj K. Open Grid Infrastructure [EB/OL]. [2012 — 03 — 18]. http://www. ggf. org/documents.

［149］W. A. BECK. THE RANGE OF GOVERNMENT PUBLICATIONS ［J］. Aslib Proceedings，1961，3（1）：13 —21.

［150］Webster D E. Inprefaee，Beyond Survival：Managing Aeademic Librariesin Trarlsirion ［J］. LibrariesUnlimited，2006 （12）：122—133.

［151］Weeber M，Klein H. Using Concepts in Literature— Based Discovery：Simulating Swanson's Raynaud—Fish Oil and Migraine－Magnesium Discoveries ［J］. Jam Soc InfSciTechnol，2001，52（7）：548—557.

［152］Weeber M，Klein H，Aronson A R. Text－based discovery in biomedicine：the architecture of the DAD－system ［C］. Proc. AMIA Symp，2000.

［153］William Glisson，Gobinda Chowdhury. Design of a digital dissertation information management system ［J］. Program：electronic library and information systems，2002，36 （3）：16—34.

附录

科技文献利用现状调查问卷

尊敬的先生/女士：

为了了解科技文献在我国的利用现状，特做此项调查，请您于百忙之中惠赐十分钟左右时间完成此份问卷，不胜感激。

1. 您的身份为：

    A. 教师；   B. 学生；

    C. 科研人员；   D. 政府行政人员；

    E. 企业工作人员； F. 其他_____

2. 您的学历为：

    A. 博士；   B. 硕士；

    C. 本科；   D. 大专；

    E. 其他_____

3. 请利用5级评分描述您对以下类型科技文献的了解程度。

1分	2分	3分	4分	5分
未曾听说	不了解	稍有了解	比较了解	熟悉

专利文献	标准文献	会议文献	学位论文
科技报告	科技档案	产品样本	

4. 您是通过何种渠道了解3题中任一类型科技文献的？（3题中任一项给出3分以上者请回答本题，否则可略过。

本题可多选。)

    A. 工作实践;   B. 图书馆;

    C. 数据库厂商;   D. 课堂学习;

    E. 其他_____

5. 您是否曾经利用过 3 题中任一类型的科技文献?

    A. 是,请勾选:专利文献 (　);标准文献 (　);会议文献 (　);学位论文 (　)

    (可多选) 科技报告 (　);科技档案 (　);产品样本 (　);

    B. 否

第 5 题中回答"是"者请继续回答 6－7 题,否则可略过。

6. 你通过何种途径利用科技文献 (可多选)?

    A. 网络数据库;   B. 图书馆;

    C. 其他实体机构 (请注明):_____

7. 您在利用科技文献过程中遇到的最大障碍是什么?(本题可多选。)

    A. 缺乏检索工具;   B. 全文获取困难;

    C. 资源过于分散;   D. 费用过高;

    E. 信息质量与时效性低 F. 其他_____

8. 您是否有兴趣了解并利用 3 题中任一类型的科技文献?

    A. 是,请勾选:专利文献 (　);标准文献 (　);会议文献 (　);学位论文 (　)

    (可多选) 科技报告 (　);科技档案 (　);产品样本 (　);

    B. 否

9. 您曾经或有意向利用科技文献的目的是什么?

    A. 科研需要;   B. 教学需要;

    C. 自我充实;   D. 工作/学习任务;

    E. 其他_____

后 记

本书是在笔者的博士论文基础上修改完成的。由于科技文献数量大、类型多、分布广，造成了开发利用上的障碍，然而科技创新对科技文献的需求和依赖愈发强烈，本书的初衷正是为解决这一矛盾提供一个可行的路径。本书的写作过程并非一帆风顺。疑惑、迷茫不时困扰着我，每一个问题的论证、行文结构的调整、词句的推敲时时萦绕心头，记不清有多少次面对电脑敲击键盘至天明。不过现在回想起来，本书的写作带给笔者的虽然有劳累，但更多的则是心无杂念，全身心投入研究的充实感和满足感以及完成书稿之后的快乐。

同时，本书从最开始的博士论文创作到修订为书稿直至付梓的过程中，获得了众多学者及同仁们的指导和帮助，令笔者深感荣幸和感激。

首先要感谢我的导师吉林大学王萍教授，在研究过程中给予我悉心的指导。多年以来，恩师严谨的治学态度、正直的为人、深厚的学术功底、勤奋敬业的精神和耐心的教诲始终感动和影响着我。感谢吉林大学邓君教授、宋雪雁教授与张卫东教授，他们为书中的内容提供了许多宝贵的意见。还要感谢辽宁大学出版社的武瑛老师及其同仁们，是他们的辛勤工作让此书得以面世。

由于笔者学识水平所限，书中难免有不足之处，敬请各位读者不吝指正。

赵丹阳

2016 年 10 月 9 日